ひとっぷろアヒル？
Ahiru taichou

©PILOT INK&アヒル隊長プロジェクト

アヒル隊長の情報はコチラ！
http://www.ahirutaicho-series.com

JN104191

ブクブクちゃん　**アヒル隊長**　**プカプカちゃん**

次世代へつなぐアヒル隊長

環境省アンバサダー

つなげよう、
支えよう
森里川海

日本の豊かな自然を次世代に
つないでいくプロジェクトの
PR活動に参加しています。

家族をつなぐアヒル隊長

霧島温泉大使
アヒル隊長

「浴育」をテーマとした
家族が温泉を楽しみ
ながら絆を深める場
としてお風呂の魅力を
発信中です。

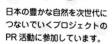
アヒル隊長の歴史

1993年	2001年	2011年	2014年4月	2015年10月	2016年	2021年
バストイ 水ふきアヒル発売	アヒル隊長へ ネーミング変更	ライセンス活動 開始	霧島温泉大使 任命	環境省プロジェクト アンバサダー任命	発売15周年	発売20周年

キャラクターお問い合わせ先
株式会社読売広告社
次世代モノづくり研究所 キャラクターMD部

TEL：03-5544-7220　FAX：03-5544-7640
Email：shohinka@yomiko.co.jp
URL：https://www.yomiko.co.jp/business/monoken/

商品お問い合わせ先
株式会社パイロットコーポレーション
玩具事業部販売企画グループ

TEL：03-3538-3852　FAX：03-3538-3853
URL：https://www.pilot-toy.com/

PILOT　動画 アヒル隊長大行進

土木工事に誠心誠意取り組みます

LINKS株式会社

代表取締役　大西浩之

〒550-0005　大阪市西区西本町2-1-9-403
TEL　06-6537-9099
FAX　06-6537-9989
e-mail：links@sun.ocn.ne.jp
URL（www.links-service.co.jp）

人類の情熱・
叡智・情報を
カタチにする

PRINTING FOR
PEOPLE　LIFE　SOCIETY　FUTURE

 株式会社 太平印刷社

〒140-0002 東京都品川区東品川 1-6-16
TEL：03-3474-2821
FAX：03-3474-8580
MAIL：admin@p-taihei.co.jp

COSMO
TODAY

コスモは、きょうも。

「コスモ」といえば、
「石油」だけでしょうか。

コスモには、風力発電所があります。
地域の皆さんと共に設置した
150を超える風車が稼働し、
ご家庭へ、オフィスへ、
電気をお届けしています。

コスモは、サービスステーションで使う電力を、
今、つぎつぎと、
実質CO_2排出量ゼロの
再生可能エネルギーに切り替えています。

大地を、洋上を吹く風をとらえて、
新しいエネルギーに変えてゆく。
今日を、明日を生きる私たちのために、
一つひとつ。

ココロも満タンに

2023年版

環境省名鑑

時評社

官庁名鑑 WEB サービス　無料トライアルについての
詳細は、目次最終ページ（Ⅸ）をご覧ください。

目　次

地球環境局

水・大気環境局

自然環境局

国立研究開発法人

資料

―――――――― 凡　　　例 ――――――――

1. 本名鑑の内容は、令和4年10月31日現在のものです。

1. 本名鑑には、環境省本省、原子力規制庁、施設機関、地方機関、独立行政法人の主要幹部職員を登載し、その職名（英文表示入り）、生年月日、出身地、出身校、経歴等を調査記載しました。

   なお、個人情報の保護指針につきましては、弊社 URL をご参照ください。（URL：https://www.jihyo.co.jp）

1. 編集中の異動は努めて正確に訂正しましたが、印刷中の変動については再版の際、収録しますのでご了承ください。

1. 本名鑑記載の組織名、役職、付録等については編集上・便宜上一部省略されていることをあらかじめご了承ください。

―――― 官庁名鑑 WEB サービス　無料トライアル ――――

下記の URL から，トライアル用 ID，パスワードでご利用になれます。無料期間は 2023 年 1 月 10 日までです。

URL　　　　https://www.jihyo.co.jp/kiss/login.html
I D　　　　99172
パスワード　otameshi1

●本　　　　省

環境事務次官
Vice-Minister of the Environment

和 田 篤 也（わだ　とくや）

北海道出身.
北海道立帯広柏葉高校，北海道大学工学部衛生工学科，
北海道大学大学院工学研究科情報工学専攻

昭和63年 4 月	環境庁入庁（大気保全局企画課）
平成 2 年 4 月	大阪府環境保健部環境局大気課
平成 4 年 4 月	環境庁国立環境研究所地球環境研究センター観測第 2 係長
平成 4 年10月	環境庁国立環境研究所地球環境研究センター（併）交流係長
平成 6 年 4 月	通商産業省工業技術院総務部ニューサンシャイン計画推進本部技術班長
平成 8 年 7 月	環境庁企画調整局環境影響評価課環境影響審査室審査官
平成10年 7 月	海外経済協力基金環境室環境社会開発課課長代理
平成11年10月	国際協力銀行環境社会開発室環境第 2 班副参事役
平成13年 9 月	環境省地球環境局環境保全対策課環境協力室室長補佐
平成14年10月	環境省地球環境局環境保全対策課課長補佐
平成14年10月	環境省地球環境局地球温暖化対策課国民生活対策室（併）室長補佐
平成16年 4 月	環境省総合環境政策局環境影響評価課課長補佐
平成17年 9 月	環境省総合環境政策局環境影響評価課環境影響審査室（併）室長補佐
平成18年10月	環境省地球環境局地球温暖化対策課国際対策室長
平成20年 8 月	環境省水・大気環境局土壌環境課地下水・地盤環境室長
平成21年 7 月	環境省総合環境政策局環境保健部企画課化学物質審査室長
平成23年 8 月	環境省地球環境局地球温暖化対策課調整官
平成24年 9 月	環境省地球環境局地球温暖化対策課長
平成26年 7 月	環境省廃棄物・リサイクル対策部廃棄物対策課長
平成28年 6 月	環境省大臣官房参事官（指定廃棄物対策担当）
平成29年 7 月	環境省環境再生・資源循環局総務課長
平成30年 4 月	環境省大臣官房審議官
平成30年 7 月	環境省大臣官房政策立案総括審議官
令和元年 7 月	大臣官房公文書監理官を兼任
令和 2 年 7 月	環境省総合環境政策統括官（併）環境調査研修所長
令和 4 年 7 月	環境事務次官

環境省地球環境審議官
Vice-Minister for Global Environmental
Affairs

小　野　　洋（おの　ひろし）

平成20年7月　環境省地球環境局総務課研究調査室長
平成22年7月　環境省総合環境政策局環境影響評価課環境影響審査室長
平成24年4月　富山県理事
平成26年4月　環境省大臣官房総務課環境情報室長
平成26年7月　環境省水・大気環境局自動車環境対策課長
平成28年6月　環境省大臣官房廃棄物・リサイクル対策部企画課長
平成29年7月　環境省大臣官房審議官
令和元年7月　環境省水・大気環境局長
令和2年7月　環境省地球環境局長
令和4年7月　環境省地球環境審議官

環境省大臣官房長
Secretary General Minister's Secretariat

鑓　水　　　洋（やりみず　よう）

昭和39年11月24日生．山形県出身．
東京大学法学部

昭和62年 4 月	大蔵省入省
平成 3 年 7 月	理財局総務課企画係長
平成 4 年 7 月	観音寺税務署長
平成 5 年 6 月	国税庁長官官房人事課課長補佐
平成 7 年 7 月	銀行局総務課課長補佐（日本銀行・企画）
平成 8 年 7 月	銀行局中小金融課課長補佐（信用金庫・信用補完）
平成10年 7 月	主計局総務課課長補佐（歳入・国債）
平成11年 7 月	主計局主計官補佐（農林水産四）
平成12年 7 月	主計局主計官補佐（農林水産一）
平成13年 7 月	大臣官房付（内閣官房副長官補付 兼 内閣官房行政改革 推進事務局行政委託型公益法人等改革推進室企画官）
平成14年 7 月	大臣官房総合政策課課長補佐（総括）
平成15年 7 月	熊本県総合政策局長
平成16年 4 月	熊本県地域振興部長
平成18年 7 月	主税局総務課主税企画官
平成19年 7 月	大臣官房企画官 兼 主税局総務課
平成20年 7 月	主税局税制第一課主税企画官 兼 主税局税制第二課
平成21年 7 月	主計局主計官（外務、経済協力、経済産業係担当）
平成23年 7 月	主計局主計官（司法・警察、財務、経済産業、環境係担当）
平成24年 7 月	主税局税制第三課長
平成24年12月	主税局税制第一課長
平成25年 7 月	大臣官房政策金融課長
平成27年 7 月	主税局総務課長
平成28年 6 月	広島国税局長
平成29年 7 月	内閣官房内閣審議官（内閣官房副長官補付） 兼 内閣官房 ＴＰＰ政府対策本部員
平成30年 7 月	大臣官房審議官（理財局担当）
令和元年 7 月	理財局次長
令和 2 年 7 月	国税庁次長
令和 3 年 7 月	環境省大臣官房長

環境省大臣官房政策立案総括審議官

角 倉 一 郎（すみくら　いちろう）

石川県出身.
金沢大学付属高校，東京大学法学部，
Imperial College London（Ph.D. Candidate），
政策研究大学院大学（博士（政治・政策研究））

平成 3 年 4 月　環境庁入庁
平成21年 9 月　環境大臣秘書官（事務取扱）
平成22年 9 月　環境省大臣官房総務課企画官
平成23年 4 月　環境省大臣官房付（政策研究大学院大学）
平成24年 7 月　環境省地球環境局地球温暖化対策課市場メカニズム室長
平成24年 9 月　内閣官房副長官補付内閣参事官兼原子力規制組織等改革
　　　　　　　推進室参事官
平成26年 9 月　環境省大臣官房廃棄物・リサイクル対策部産業廃棄物課長
平成28年 6 月　環境省地球環境局総務課長
平成30年 7 月　環境省大臣官房総合政策課長
令和元年 7 月　環境省大臣官房会計課長
令和 2 年 7 月　環境省大臣官房秘書課長
令和 3 年 3 月　内閣官房気候変動対策推進室参事官
令和 3 年 7 月　環境省大臣官房政策立案総括審議官

主要著書　『ポスト京都議定書を巡る多国間交渉：規範的アイデアの衝突
と調整の政治力学』法律文化社，2015年
資格　TOEIC 990点，英検 1 級

環境省大臣官房審議官
Councillor, Minister's Secretariat

小　森　　　繁（こもり　しげる）

昭和42年9月17日生．東京都出身．
早稲田大学政治経済学部政治学科

平成4年4月	環境庁入庁
平成11年7月	環境庁大臣官房総務課長補佐
平成12年7月	環境庁企画調整局環境影響評価課長補佐
平成14年4月	北九州市環境局環境保全部環境国際協力室長
平成16年4月	環境省大臣官房政策評価広報課長補佐
平成17年11月	環境省地球環境局総務課長補佐
平成20年7月	環境省水・大気環境局総務課長補佐
平成21年7月	環境省地球環境局地球温暖化対策課長補佐
	環境省地球環境局地球温暖化対策課国民生活対策室長
	（併任）
平成22年2月	環境省地球環境局地球温暖化対策課長補佐
平成22年8月	経済産業省四国経済産業局総務企画部長
平成24年6月	環境省大臣官房付
平成27年8月	原子力規制庁長官官房総務課広報室長
平成28年2月	原子力規制庁長官官房総務課監査・業務改善推進室長
平成29年4月	原子力規制庁長官官房監査・業務改善統括調整官
平成30年4月	環境省大臣官房環境保健部環境保健企画管理課長
令和2年7月	環境省水・大気環境局総務課長（併）自動車環境対策課長
令和3年7月	環境省大臣官房会計課長
令和4年7月	環境省大臣官房審議官

環境省大臣官房審議官（兼）環境調査研修所国立水俣病総合研究センター所長
Councillor, Minister's Secretariat

針 田 　 哲（はりた　あきら）

昭和40年7月22日生. 北海道出身.
札幌医科大学

平成22年4月	厚生労働省社会・援護局障害保健福祉部精神・障害保健課医療観察法医療体制整備推進室長
平成24年4月	自治医科大学公衆衛生学教授
平成26年7月	環境省総合環境政策局環境保健部環境安全課環境リスク評価室長
平成28年6月	日本医療研究開発機構戦略推進部次長
平成30年4月	法務省矯正局矯正医療管理官
令和2年8月	国立国際医療研究センター企画戦略局長
令和4年6月	環境省大臣官房審議官（兼）環境調査研修所国立水俣病総合研究センター所長

環境省大臣官房審議官
Councillor, Minister's Secretariat

松　本　啓　朗（まつもと　ひろあき）

東京大学法学部,
ケンブリッジ大学院土地経済学部

平成 2 年	建設省入省
平成20年 4 月	国土交通省土地・水資源局公共用地室長
平成21年 4 月	兵庫県県土整備部まちづくり局長
平成22年11月	兵庫県県土整備部住宅建築局長
平成24年 4 月	兵庫県まちづくり部長
平成25年 4 月	復興庁統括官付参事官（原子力災害復興班）
平成28年 7 月	環境省総合環境政策局環境計画課長
平成29年 7 月	環境省大臣官房総合政策課長
平成30年 7 月	環境省大臣官房会計課長
令和元年 7 月	環境省大臣官房総務課長
令和 2 年 7 月	環境省大臣官房サイバーセキュリティ・情報化審議官
令和 3 年 7 月	環境省大臣官房審議官

環境省大臣官房審議官
Deputy Director-General Environmental Regeneration and Material
Cycles Bureau

奥　山　祐　矢 （おくやま　まさや）
東京都出身.

平成 5 年 4 月	環境庁入庁
平成24年10月	環境省地球環境局地球温暖化対策課市場メカニズム室長
平成25年 7 月	原子力規制庁政策評価・広聴広報課広報室長
平成26年 3 月	原子力規制庁総務課広報室長
平成27年 8 月	環境省総合環境政策局環境経済課長
平成29年 7 月	環境省大臣官房環境経済課長
平成30年 7 月	環境省地球環境局地球温暖化対策課長
令和 2 年 8 月	環境省自然環境局総務課長
令和 3 年 7 月	環境省環境再生・資源循環局総務課長
令和 4 年 7 月	環境省大臣官房審議官

環境省大臣官房サイバーセキュリティ・情報化審議官（兼）公文書監理官

神 谷 洋 一（かみや　よういち）

令和4年7月　環境省大臣官房サイバーセキュリティ・情報化審議官
　　　　　　（兼）公文書監理官

環境省大臣官房秘書課長

中　尾　　豊（なかお　ゆたか）

昭和44年 6 月23日生．東京都出身．
私立開成高校，東京大学文学部社会心理学科

平成 4 年 4 月	環境庁入庁（自然保護局企画調整課）
平成 6 年 4 月	環境庁企画調整局企画調整課環境保全活動推進室
平成 7 年 4 月	環境庁企画調整局企画調整課環境保全活動推進室主査
平成 8 年 6 月	環境庁地球環境部環境保全対策課係長
平成10年 7 月	環境庁企画調整局環境影響評価課係長
平成11年 7 月	環境庁企画調整局環境影響評価課課長補佐
平成12年 6 月	外務省（在アメリカ合衆国日本国大使館二等書記官）
平成14年 4 月	外務省（在アメリカ合衆国日本国大使館一等書記官）
平成16年 2 月	環境省総合環境政策局環境経済課課長補佐
平成18年 7 月	（育児休業）
平成19年 4 月	環境省大臣官房秘書課長補佐（併任：政策評価広報課）
平成19年 7 月	環境省総合環境政策局環境保健部企画課課長補佐
平成21年 7 月	環境省大臣官房総務課課長補佐（併任：秘書課）
平成22年 8 月	環境省大臣官房総務課企画官
平成22年 9 月	環境省大臣官房付（秘書官事務取扱）
平成23年 9 月	環境省大臣官房廃棄物・リサイクル対策部企画課循環型社会推進室長（併任：総合環境政策局総務課、環境推進課）
平成24年 2 月	環境省大臣官房政策評価広報課広報室長
平成26年 9 月	内閣官房内閣参事官（内閣官房副長官補付）
平成28年 7 月	環境省大臣官房廃棄物・リサイクル対策部産業廃棄物課長
平成29年 7 月	環境省大臣官房環境保健部環境保健企画管理課長
平成30年 4 月	環境省福島地方環境事務所次長
令和 2 年 7 月	環境省環境再生・資源循環局総務課長
令和 3 年 3 月	環境省大臣官房秘書課長（併任：環境再生・資源循環局総務課長（令和 3 年 6 月まで））

環境省大臣官房秘書課調査官（兼）女性職員活躍・ＷＬＢ推進担当官
Senior Policy Coordinator of the Personnel Division

中　原　敏　正（なかはら　としまさ）
昭和40年7月4日生．埼玉県出身．
駒澤大学経済学部

昭和63年4月　環境庁入庁
令和2年4月　福島地方環境事務所総務部長
令和4年4月　環境省大臣官房秘書課調査官（兼）女性職員活躍・ＷＬ
　　　　　　　Ｂ推進担当官

環境省大臣官房秘書課地方環境室長

今 井 正 之（いまい　まさゆき）

昭和39年8月1日生．群馬県出身．
青山学院大学経済学部

昭和59年　　　　環境庁入庁
平成30年4月　環境省大臣官房秘書課課長補佐
平成31年4月　環境省自然環境局総務課課長補佐
令和3年4月　環境省大臣官房秘書課地方環境室長

環境省大臣官房総務課長
Director of the General Affairs Division

庄 子 真 憲（しょうじ　まさのり）

昭和45年10月13日生．宮城県出身．
早稲田大学政治経済学部

平成 5 年 4 月	環境庁長官官房秘書課
平成21年 7 月	環境省水・大気環境局総務課課長補佐
平成22年 7 月	環境省総合環境政策局総務課課長補佐
平成23年 7 月	横浜市温暖化対策統括本部企画調整部担当部長
平成25年 5 月	環境省大臣官房廃棄物・リサイクル対策部企画課リサイクル推進室長（併）循環型社会推進室長
平成27年 8 月	環境省大臣官房政策評価広報課広報室長
平成28年 7 月	内閣官房副長官補付内閣参事官
平成30年10月	環境省水・大気環境局総務課長（併）自動車環境対策課長
令和元年 7 月	環境省自然環境局総務課長
令和 2 年 8 月	環境省福島地方環境事務所次長
令和 4 年 9 月	環境省大臣官房総務課長

環境省大臣官房総務課広報室長
Director, Public Relations Office

杉　井　威　夫 （すぎい　たけお）
静岡県出身.

平成12年4月	環境庁入庁
令和2年8月	環境省大臣官房総務課環境情報室長
令和3年7月	環境省大臣官房総合政策課環境教育推進室長（併）民間活動支援室長（併）環境計画課地域脱炭素企画官
令和3年10月	環境大臣秘書官事務取扱
令和4年8月	環境省大臣官房総務課広報室長

環境省大臣官房総務課企画官（兼）危機管理・災害対策室長

吉　口　進　朗（よしぐち　のぶあき）

平成元年 4 月　厚生省入省
令和元年 5 月　国立研究開発法人国立環境研究所企画部長
令和 3 年 7 月　環境省大臣官房総務課企画官（兼）危機管理・災害対策
　　　　　　　室長

環境省大臣官房総務課国会連絡室長

松 本 行 央 (まつもと ゆきお)

昭和50年10月20日生. 神奈川県出身. A型
神奈川県立瀬谷西高等学校

平成 6 年 4 月　環境庁入庁
平成30年 4 月　環境省環境再生・資源循環局廃棄物規制課
令和 2 年 9 月　環境省大臣官房総務課国会連絡室長

環境省大臣官房総務課環境情報室長
Director of Environmental Information Office

明　石　健　吾（あかし　けんご）

平成 4 年 4 月　環境庁入庁
平成30年 8 月　人事院公務員研修所教務部政策研修分析官
令和 3 年 7 月　環境省大臣官房総務課環境情報室長

環境省大臣官房総務課公文書監理室長

小　林　浩　治 (こばやし　こうじ)

昭和62年 4 月　環境庁入庁
令和 4 年 7 月　環境省大臣官房総務課公文書監理室長

環境省大臣官房会計課長
Director of the Budget and Accounts Division

飯　田　博　文（いいだ　ひろぶみ）

平成 5 年 4 月	通商産業省入省
平成18年 6 月	経済産業省製造産業局航空機武器宇宙産業課長補佐
平成21年10月	内閣官房副長官補室企画調査官（地球温暖化問題担当）
平成22年 7 月	在中国大使館経済部参事官
平成26年 7 月	経済産業省貿易経済協力局貿易振興課長
平成28年 6 月	経済産業省通商政策局通商機構部参事官（全体総括）
平成29年 7 月	在中国大使館経済部公使
令和 2 年 8 月	経済産業省大臣官房サイバー国際経済政策統括調整官（併）通商政策局通商戦略統括調整官
令和 3 年 7 月	環境省水・大気環境局総務課長（併）自動車環境対策課長
令和 4 年 7 月	環境省大臣官房会計課長

環境省大臣官房会計課監査指導室長

鳥 毛 暢 茂 (とりげ　のぶしげ)

昭和44年12月16日生. 石川県七尾市出身. O型
石川県立鹿西高等学校

昭和63年4月　環境庁入庁
平成26年3月　福島環境再生事務所経理課長
平成30年4月　中間貯蔵・環境安全事業株式会社契約・購買課長
令和4年4月　環境省大臣官房会計課監査指導室長

環境省大臣官房会計課庁舎管理室長

大　竹　　敦 （おおたけ　あつし）

平成 5 年 4 月　環境庁入庁
令和 3 年 4 月　環境省大臣官房会計課庁舎管理室長

環境省総合環境政策統括官（併）環境調査研修所長

上　田　康　治（うえだ　やすはる）

昭和40年4月生．広島県出身．
修道高校，東京大学

平成元年	環境庁入庁
平成9年	外務省在米国日本大使館書記官
平成12年	環境庁長官官房総務課国会連絡調整官
平成13年	環境省総合環境政策局環境計画課課長補佐
平成14年7月	環境省自然環境局総務課課長補佐
平成15年8月	環境省廃棄物・リサイクル対策部企画課課長補佐
平成16年7月	環境省総合環境政策局総務課課長補佐
平成19年7月	環境省大臣官房総務課課長補佐
平成19年8月	環境大臣秘書官
平成20年8月	環境省廃棄物・リサイクル対策部リサイクル推進室長
平成22年8月	環境省地球環境局地球温暖化対策課市場メカニズム室長
平成24年7月	環境省環境保健部環境安全課長
平成25年7月	環境省総合環境政策局総務課長
平成28年7月	環境省自然環境局総務課長
平成29年7月	環境省大臣官房秘書課長
平成30年7月	環境省大臣官房審議官
令和2年7月	環境省大臣官房政策立案総括審議官（併）公文書監理官
令和3年7月	内閣官房内閣審議官
令和3年7月	環境省大臣官房地域脱炭素推進総括官
令和4年7月	環境省総合環境政策統括官（併）環境調査研修所長

趣味　読書，囲碁
学生時代の所属部　合気道部

環境省大臣官房総合政策課長

西　村　治　彦 （にしむら　はるひこ）

平成28年4月　環境省水・大気環境局中間貯蔵施設担当参事官
平成29年7月　環境省環境再生・資源循環局環境再生施設整備担当参事官
平成30年4月　環境省環境再生・資源循環局環境再生施設整備担当参事
　　　　　　　官（充）福島地方環境事務所中間貯蔵部長
平成30年7月　環境省大臣官房環境経済課長
令和3年7月　環境省地球環境局総務課長
令和4年7月　環境省大臣官房総合政策課長

環境省大臣官房総合政策課調査官

堤　　達 也 (つつみ　たつや)

平成 6 年 4 月　建設省入省
令和 3 年 7 月　環境省大臣官房総合政策課調査官

政策統括官 総合環境

環境省大臣官房総合政策課企画評価・政策プロ
モーション室長

加 藤 　聖（かとう　せい）

昭和50年12月 5 日生．宮城県出身．
東北大学,
東北大学大学院修了

平成12年 4 月	厚生省入省
平成29年10月	環境省地球環境局地球温暖化対策課地球温暖化対策事業企画官
令和 2 年 7 月	環境省地球環境局地球温暖化対策課地球温暖化対策事業室長
令和 4 年 7 月	環境省大臣官房総合政策課企画評価・政策プロモーション室長

環境省大臣官房総合政策課環境研究技術室長
Director of Environmental Research and Technology Office

加　藤　　　学（かとう　まなぶ）

令和3年8月　環境省大臣官房総合政策課環境研究技術室長

環境省大臣官房総合政策課環境教育推進室長 兼 総合政策課計画官
Director, Office of Environmental Education (Concurrent) Senior
Planning Officer, General Policy Division, Minister's Secretariat

河 村 玲 央 (かわむら　れお)

昭和52年 7 月 4 日生．長崎県出身．
早稲田大学政治経済学部

平成12年 4 月	環境庁入庁
平成17年 7 月	米国コロンビア大学国際公共政策大学院留学
平成23年 7 月	ＯＥＣＤ環境総局環境成果情報課出向
平成26年 7 月	財務省主計局文部科学第五係主査
平成29年 7 月	原子力規制庁長官官房総務課企画官（国会担当）
令和元年 9 月	環境大臣秘書官
令和 2 年 9 月	環境省自然環境局自然環境計画課生物多様性主流化室長
令和 3 年 9 月	環境省地球環境局総務課脱炭素化イノベーション研究調査室長
令和 4 年 7 月	環境省大臣官房総合政策課環境教育推進室長
令和 4 年 9 月	環境省大臣官房総合政策課計画官を兼任

環境省大臣官房環境経済課長
Director of Environmental and Economy Division

波戸本　　　尚（はともと　ひさし）

昭和47年 8 月23日生．大阪府出身．
東京大学法学部

平成 8 年 4 月	大蔵省入省
平成14年 6 月	国税庁調査査察部査察課課長補佐
平成15年 7 月	国税庁長官官房総務課課長補佐
平成16年 7 月	金融庁監督局銀行第二課金融会社室課長補佐
平成17年 6 月	財務省大臣官房秘書課 兼 文書課課長補佐
平成19年 7 月	財務省主税局総務課課長補佐
平成20年 7 月	財務省主税局税制第一課課長補佐
平成22年 7 月	財務省主計局調査課課長補佐
平成23年 7 月	財務省主計局主計官補佐（内閣第一係、復興係）
平成24年 7 月	財務省主計局主計官補佐（経済産業第一、第二係）
平成25年 6 月	財務省主税局税制第一課長補佐 兼 税制第一課長法令企画室長
平成27年 7 月	財務省主税局総務課長補佐 兼 税制企画室長
平成28年 6 月	米国大使館参事官
令和元年 7 月	財務省理財局国有財産調整課長
令和 2 年 7 月	財務省主計局主計官（農林水産係担当）
令和 3 年 7 月	環境省大臣官房環境経済課長

環境省大臣官房環境経済課市場メカニズム室長

山　本　泰　生（やまもと　やすお）

平成13年 4 月　入省
平成30年 8 月　環境再生・資源循環局総務課課長補佐
令和元年 7 月　自然環境局自然環境計画課生物多様性主流化室長
令和 2 年 9 月　環境再生・資源循環局廃棄物適正処理推進課浄化槽推進
　　　　　　　　室長
令和 4 年 7 月　大臣官房環境経済課市場メカニズム室長

環境省大臣官房環境影響評価課長
Director of Environmental Impact Assessment Division

大　倉　紀　彰（おおくら　のりあき）

平成10年4月	環境庁入庁
平成29年8月	横浜市温暖化対策統括本部企画調整部担当部長
令和元年7月	環境省環境再生・資源循環局企画官（併）除染業務室長
令和2年9月	気候エネルギーソリューションセンター客員研究員（米国ワシントン）
令和3年7月	環境省環境再生・資源循環局廃棄物適正処理推進課放射性物質汚染廃棄物対策室長（併）大臣官房総合政策課企画評価・政策プロモーション室政策評価企画官
令和4年7月	環境省大臣官房環境影響評価課長（併）総合政策課政策調整官

環境省大臣官房環境影響評価課環境影響審査室長
Director of Office of Environmental Impact Assessment Review

相　澤　寛　史 (あいざわ　ひろふみ)

	環境省環境再生・資源循環局廃棄物規制課長補佐を経て
平成30年7月	環境省地球環境局地球温暖化対策課地球温暖化対策事業室長
令和2年7月	環境省環境再生・資源循環局廃棄物適正処理推進課浄化槽推進室長
令和2年9月	環境省大臣官房秘書課秘書官事務取扱
令和3年10月	環境省大臣官房総合政策課企画評価・政策プロモーション室長
令和3年10月	環境教育推進室長、民間活動支援室長、環境計画課地域脱炭素企画官を併任
令和4年7月	環境省大臣官房環境影響評価課環境影響審査室長

環境省大臣官房地域脱炭素推進審議官

白　石　隆　夫（しらいし　たかお）

昭和42年 4 月12日生.
早稲田大学政治経済学部

平成 2 年 4 月	大蔵省入省（銀行局総務課）
平成 8 年 7 月	国税庁調査査察部査察課課長補佐
平成10年 7 月	内閣事務官（内閣官房内閣内政審議室）
平成12年 7 月	大蔵省主計局主計企画官補佐（調整第一、三係主査）
平成13年 7 月	財務省主計局総務課補佐
平成14年 7 月	財務省主計局主税官補佐（内閣第一係主査）
平成16年 7 月	財務省大臣官房付（兼 内閣官房郵政民営化準備室員）
平成17年 8 月	財務省主計局主税官補佐（総務・地方財政第一係主査）
平成18年 7 月	外務省経済開発協力機構日本政府代表部一等書記官
平成19年 1 月	外務省経済開発協力機構日本政府代表部参事官
平成21年 7 月	財務省主税局税制第一課主税企画官 兼 主税局税制第二課
平成22年 7 月	財務省大臣官房企画官 兼 主税局総務課
平成23年 7 月	財務省主税局総務課主税企画官 兼 主税局調査課
平成24年 8 月	財務省大臣官房付（兼 内閣官房内閣参事官（内閣総務官室）兼 内閣官房国家戦略室室員）
平成24年12月	財務省大臣官房付（兼 内閣官房内閣参事官（内閣官房副長官補付）兼 内閣官房日本経済再生総合事務局参事官）
平成26年 7 月	財務省主計局主計官（内閣、復興、外務、経済協力係担当）
平成27年 7 月	復興庁統括官付参事官
平成28年 6 月	環境省総合環境政策局総務課長
平成29年 7 月	環境省大臣官房総務課長
令和元年 7 月	環境省大臣官房審議官
令和 4 年 7 月	環境省大臣官房地域脱炭素推進審議官

環境省大臣官房地域政策課長

松 下 雄 介 (まつした　ゆうすけ)

昭和46年10月26日生．静岡県出身．
静岡県立藤枝東高校，東京大学法学部，
コーネル大学公共政策大学院

平成 7 年 4 月	建設省入省（建設経済局総務課）
平成10年 7 月	米国コーネル大学公共政策大学院留学
平成22年 4 月	千葉県総合企画部参事（兼）政策企画課長
平成23年 4 月	国土交通省総合政策局建設市場整備課専門工事業高度化推進官
平成25年 4 月	国土交通省大臣官房総務課企画官（総合政策局）
平成26年 5 月	国土交通省土地・建設産業局建設市場整備課労働資材対策室長
平成27年 7 月	高松市副市長
令和元年 7 月	内閣官房日本経済再生総合事務局参事官
令和 2 年10月	内閣官房成長戦略会議事務局参事官
令和 3 年 7 月	内閣官房内閣参事官（内閣官房副長官補付）（併）環境省大臣官房地域脱炭素政策調整官
令和 4 年 7 月	環境省大臣官房地域政策課長

環境省大臣官房総合政策課課長補佐（併）総合政策課民間活動支援室長
（併）地域政策課地域循環共生圏推進室長

佐々木　真二郎（ささき　しんじろう）

平成14年　　　環境省入省
令和4年7月　　環境省大臣官房総合政策課課長補佐（併）総合政策課民間
　　　　　　　活動支援室長（併）地域政策課地域循環共生圏推進室長

環境省大臣官房地域脱炭素事業推進課長

犬　丸　　　淳 （いぬまる　あつし）

昭和49年10月21日生.

平成 9 年	自治省入省
平成19年 4 月	静岡県空港部利用推進室長
平成21年 4 月	静岡県総務部財務局財政室長
平成22年 4 月	総務省自治財政局財政課長補佐
平成23年 4 月	総務省自治行政局公務員部福利課長補佐
平成24年 8 月	総務省自治行政局公務員部福利課理事官
平成25年 7 月	財団法人自治体国際化協会ニューヨーク事務所上席調査役
平成28年 4 月	島根県環境生活部長
平成30年 4 月	島根県総務部長
令和 2 年 4 月	地方公共団体情報システム機構個人番号センター副センター長
令和 3 年 8 月	総務省自治財政局公営企業課準公営企業室長
令和 4 年 7 月	環境省大臣官房地域脱炭素事業推進課長

環境省大臣官房参事官（併）地域脱炭素政策調整担当参事官

木　野　修　宏 （きの　のぶひろ）

昭和46年 4 月12日生．愛知県出身．A型
愛知県立一宮西高校，東京大学工学部工業化学科（修士：超伝導工学専攻）

平成 8 年 4 月	環境庁入庁
平成26年 7 月	環境省地球環境局国際連携課国際協力室長
平成28年 7 月	環境省地球環境局国際連携課国際地球温暖化対策室長
平成29年 7 月	環境省地球環境局総務課低炭素社会推進室長
令和 2 年 4 月	環境省地球環境局総務課脱炭素社会移行推進室長
令和 2 年 7 月	環境省大臣官房環境影響評価課環境影響審査室長
令和 4 年 7 月	環境省大臣官房参事官（併）地域脱炭素政策調整担当参事官

政策統括官　総合環境

環境省大臣官房環境保健部長
Director General, Environmental Health
Department

神ノ田　昌　博 （かみのた　まさひろ）

昭和42年4月18日生．千葉県出身．A型
慶應義塾大学医学部

平成4年4月	厚生省入省（保健医療局 疾病対策課 配属）　平成4年5月　保健医療局企画課臓器移植対策室 併任　平成6年5月　岡山県倉敷保健所主任（倉敷西保健所、倉敷南保健所 併任）
平成7年4月	岡山県保健福祉部保健福祉課主任
平成8年4月	厚生省老人保健福祉局老人保健課主査
平成9年6月	厚生省大臣官房厚生科学課主査（ハーバード公衆衛生大学院 留学）
平成10年6月	厚生省健康政策局総務課課長補佐
平成12年4月	山梨県福祉保健部健康増進課長
平成14年4月	厚生労働省健康局結核感染症課課長補佐
平成16年7月	厚生労働省老健局老人保健課課長補佐
平成18年8月	厚生労働省保険局医療課課長補佐
平成19年4月	厚生労働省大臣官房厚生科学課主任科学技術調整官
平成20年7月	岡山県保健福祉部長
平成22年8月	厚生労働省健康局結核感染症課新型インフルエンザ対策推進室長
平成23年1月	厚生労働省健康局疾病対策課肝炎対策推進室長 併任（平成24年3月 解除）
平成24年8月	環境省総合環境政策局環境保健部企画課石綿健康被害対策室長
平成24年9月	環境省総合環境政策局環境保健部放射線健康管理担当参事官室 併任
平成26年9月	厚生労働省医政局研究開発振興課長（研究開発振興課再生医療等研究推進室長 併任）
平成27年5月	厚生労働省医政局経済課医療機器政策室長 併任（平成27年7月 解除）
平成28年6月	厚生労働省雇用均等・児童家庭局母子保健課長
平成29年7月	厚生労働省労働基準局安全衛生部労働衛生課長
令和元年7月	厚生労働省健康局健康課長
令和2年8月	国立研究開発法人国立がん研究センター理事長特任補佐
令和3年9月	環境省大臣官房環境保健部長

環境省大臣官房環境保健部環境保健企画管理課長
Director,Policy Planning Division Environmental Health Department

熊 倉 基 之（くまくら　もとゆき）

昭和45年11月27日生．東京都出身．
東京都立戸山高校，早稲田大学政治経済学部

平成 6 年 4 月	環境庁入庁
平成18年 9 月	滋賀県琵琶湖環境部自然環境保全課長
平成20年 7 月	環境省地球環境局総務課課長補佐
平成22年 7 月	環境省自然環境局総務課課長補佐
平成24年 8 月	内閣官房原子力安全規制組織等改革準備室企画官
平成24年 9 月	原子力規制庁政策評価・広聴広報課企画官
平成25年 7 月	環境省地球環境局地球温暖化対策課フロン等対策官（フロン等対策推進室長）（併）市場メカニズム室長
平成27年 4 月	環境省地球環境局地球温暖化対策課フロン対策室長
平成27年 7 月	環境省大臣官房廃棄物・リサイクル対策部廃棄物対策課浄化槽推進室長
平成28年 6 月	環境省大臣官房廃棄物・リサイクル対策部廃棄物対策課災害廃棄物対策室長
平成29年 7 月	環境省大臣官房環境影響評価課長
令和元年 7 月	環境省自然環境局国立公園課長
令和 4 年 7 月	環境省大臣官房環境保健部環境保健企画管理課長

環境省大臣官房環境保健部環境保健企画管理課保健業務室長
Director of Environmental Health Affairs Office

黒　羽　真　吾 （くろばね　しんご）

平成31年4月　厚生労働省大臣官房厚生科学課研究企画官
令和2年8月　環境省大臣官房環境保健部環境保健企画管理課保健業務
　　　　　　　室長

環境省大臣官房環境保健部環境保健企画管理課特殊疾病対策室長
Director of Special Environmental Diseases office

海老名　英　治（えびな　えいじ）
埼玉県出身.
私立城北高等学校，信州大学医学部

平成16年5月　厚生労働省入省
平成23年4月　さいたま市保健福祉局保健部地域医療課長
令和2年4月　栃木県保健福祉部長
令和3年7月　環境省大臣官房環境保健部環境保健企画管理課特殊疾病
　　　　　　　対策室長

環境省大臣官房環境保健部環境保健企画管理課石綿健康被害対策室長
Director of Office for Asbestos Health Damage Relief

木 内 哲 平 (きうち　てっぺい)

昭和54年3月15日生.　神奈川県出身.
慶応義塾大学医学部

平成16年	厚生労働省入省
平成20年7月	厚生労働省官房厚生科学課長補佐
平成21年6月	厚生労働省官房厚生科学課健康危機管理対策室国際健康危機管理調整官
平成22年4月	厚生労働省医薬食品局審査管理課長補佐
平成23年8月	厚生労働省労働基準局安全衛生部労働衛生課中央労働衛生専門官
平成25年7月	厚生労働省官房厚生科学課研究事業推進専門官
平成25年10月	厚生労働省官房厚生科学課長補佐
平成27年4月	宮崎県福祉保健部健康増進課長
平成29年4月	厚生労働省保険局医療課医療技術評価推進室長補佐
平成30年8月	厚生労働省老健局老人保健課介護保険データ分析室長
平成31年4月	富山県厚生部次長
令和2年4月	富山県厚生部理事 兼 次長事務取扱
令和3年4月	富山県厚生部長
令和4年7月	環境省大臣官房環境保健部環境保健企画管理課石綿健康被害対策室長

環境省大臣官房環境保健部環境保健企画管理課化学物質審査室長
Director, Chemicals Evaluation Office

久　保　善　哉 (くぼ　よしや)

環境省大臣官房環境保健部環境保健企画管理課公害補償審査室長
Director of Office for the Appeals Committee on Environmental
Health Damage Compensation

手 塚 英 明 (てづか　ひであき)

昭和38年2月3日生．東京都出身．
法政大学文学部

昭和60年4月　環境庁入庁
令和2年4月　環境省大臣官房環境保健部環境保健企画管理課公害補償
　　　　　　　審査室長

環境省大臣官房環境保健部環境保健企画管理課水銀対策推進室長
Director, Office of Mercury Management, Environmental Health
Policy Planning and Management Division, Environmental Health
Department, Minister's Secretariat, Ministry of the Environment

吉 﨑 仁 志 （よしざき　ひとし）

令和3年7月　環境省大臣官房環境保健部環境保健企画管理課水銀対策
　　　　　　推進室長

環境省大臣官房環境保健部環境安全課長
Director, Environmental Health and Safety Division, Environmental
Health Department, Ministry of the Environment

髙　澤　哲　也 （たかざわ　てつや）

昭和42年 3 月14日生．埼玉県出身．
東北大学大学院

平成18年 4 月	環境省水・大気環境局土壌環境課長補佐
平成21年 7 月	環境省大臣官房廃棄物・リサイクル対策部産業廃棄物課長補佐
平成22年 7 月	環境省地球環境局環境保全対策課フロン等対策官（フロン等対策推進室長）
平成23年 9 月	環境省地球環境局地球温暖化対策課フロン等対策官（フロン等対策推進室長）
平成25年 4 月	環境省大臣官房廃棄物・リサイクル対策部廃棄物対策課浄化槽推進室長
平成26年 7 月	厚生労働省健康局水道課水道計画指導室長
平成27年10月	厚生労働省医薬・生活衛生局生活衛生・食品安全部水道課水道計画指導室長
平成28年 4 月	中間貯蔵・環境安全事業株式会社 中間貯蔵事業部次長
平成29年 4 月	環境省水・大気環境局大気環境課長（併）自動車環境対策課長
平成30年 4 月	環境省水・大気環境局大気環境課長（併）自動車環境対策課長（併）総務課ダイオキシン対策室長
平成30年10月	環境省水・大気環境局大気環境課長（併）総務課ダイオキシン対策室長
令和元年 7 月	内閣府科学技術・イノベーション推進事務局参事官（統合戦略、エネルギー・環境担当）
令和 3 年 8 月	環境省水・大気環境局土壌環境課長（併）地下水・地盤環境室長
令和 4 年 4 月	環境省大臣官房環境保健部環境安全課長（併）環境リスク評価室長
令和 4 年 7 月	環境省大臣官房環境保健部環境安全課長

**環境省大臣官房環境保健部環境安全課環境リス
ク評価室長**
Director, Environmental Risk Assessment
Office

清 水 貴 也（しみず　たかや）

昭和58年6月8日生．福井県出身．

平成22年4月　厚生労働省入省
平成24年4月　環境省石綿健康被害対策室
令和4年4月　環境省大臣官房環境保健部環境安全課環境リスク評価室長

環境省大臣官房環境保健部放射線健康管理担当参事官
Director, Radiation Health Management Office, Environmental
Health Department

鈴 木 章 記 (すずき あきふさ)

昭和45年 4 月23日生．神奈川県出身．
昭和大学

平成19年 4 月	厚生労働省保険局医療課医療指導監査室特別医療指導監査官
平成20年 4 月	厚生労働省医薬食品局食品安全部基準審査課新開発食品保健対策室バイオ食品専門官
平成21年 4 月	独立行政法人国立病院機構医療部医療課長
平成22年 4 月	山口県下関市保健部長 兼 下関保健所長
平成26年 7 月	厚生労働省健康局疾病対策課肝炎対策推進室長
平成27年10月	厚生労働省健康局難病対策課移植医療対策推進室長
平成28年 9 月	厚生労働省労働基準局安全衛生部労働衛生課主任中央じん肺診査医
平成30年 7 月	独立行政法人医薬品医療機器総合機構審議役
令和 2 年 1 月	独立行政法人医薬品医療機器総合機構執行役員
令和 2 年 8 月	環境省大臣官房環境保健部放射線健康管理担当参事官

環境省地球環境局長
Director-General, Global Environment
Bureau

松　澤　　　裕（まつざわ　ゆたか）
昭和39年生.
東京大学

平成元年	厚生省入省
平成27年10月	環境省地球環境局地球温暖化対策課長
平成30年7月	環境省大臣官房審議官
令和2年7月	環境省環境再生・資源循環局次長
令和3年7月	環境省水・大気環境局長
令和4年7月	環境省地球環境局長

環境省地球環境局特別国際交渉官

瀬 川 恵 子 (せがわ　けいこ)

昭和40年8月13日生. 愛知県出身.
名古屋市立菊里高校, 東京工業大学工学部社会工学科

平成元年4月	環境庁入庁
平成13年	環境省環境管理局水環境部企画課課長補佐
平成15年	環境省環境管理局水環境部水環境管理課課長補佐
平成16年	環境省地球環境局環境保全対策課課長補佐
平成19年	環境省総合環境政策局環境保健部環境安全課課長補佐
平成21年7月	環境省大臣官房政策評価広報課広報室長
平成23年8月	環境省総合環境政策局環境保健部企画課化学物質審査室長
平成25年7月	環境省総合環境政策局環境影響評価課環境影響審査室長
平成26年7月	環境省地球環境局国際連携課長
平成28年6月	環境省大臣官房廃棄物・リサイクル対策部廃棄物対策課長
平成29年7月	環境省環境再生・資源循環局廃棄物適正処理推進課長
	(併) 災害廃棄物対策室長
平成30年7月	環境省大臣官房環境保健部環境安全課長
令和元年7月	環境省大臣官房審議官
令和4年7月	環境省地球環境局特別交渉官
令和4年8月	環境省地球環境局特別国際交渉官

主要論文　「都市デザインにおけるオブジェの意義に関する基礎的研究」
　　　　　（旧姓　柴田）

環境省地球環境局総務課長
Director, Policy and Coordination Division

小笠原　　靖（おがさわら　やすし）

昭和45年5月4日生．愛知県出身．
愛知県立岡崎高校，京都大学

平成7年4月	環境庁入庁
平成14年8月	ヨーロッパ環境政策研究所客員研究員
平成15年7月	環境省地球環境局地球温暖化対策課課長補佐
平成19年4月	環境省大臣官房廃棄物・リサイクル対策部リサイクル推進室総括補佐
平成20年7月	環境省総合環境政策局環境経済課総括補佐
平成22年8月	環境省総合環境政策局環境計画課総括補佐
平成23年7月	環境省総合環境政策局総務課総括補佐
平成24年10月	環境省大臣官房総務課総括補佐
平成26年9月	環境大臣秘書官
平成27年10月	環境省地球環境局地球温暖化対策課市場メカニズム室長
平成28年7月	環境省大臣官房総務課広報室長
平成29年7月	環境省環境再生・資源循環局総務課リサイクル推進室長（併）循環型社会推進室長
平成30年10月	内閣官房内閣参事官
令和2年7月	環境省地球環境局地球温暖化対策課長
令和4年7月	環境省地球環境局総務課長

環境省地球環境局総務課脱炭素社会移行推進室長

伊 藤 史 雄（いとう　ふみお）
昭和51年3月9日生．北海道出身．
東北大学大学院修了

平成12年4月　環境庁入庁
令和2年7月　環境省大臣官房総務課危機管理室長
令和2年9月　国土交通省自動車局安全・環境基準課環境基準室長
令和4年4月　国土交通省自動車局車両基準・国際課環境基準室長
令和4年7月　環境省地球環境局総務課脱炭素社会移行推進室長

地球環境局

環境省地球環境局総務課気候変動観測研究戦略室長（併）排出・吸収イ
ンベントリ算定企画官

山 田 浩 司（やまだ　こうじ）

昭和54年 7 月12日生．奈良県出身．
智辯学園高校．
京都大学大学院工学研究科都市環境工学専攻

平成17年 4 月	環境省入省（廃棄物・リサイクル対策部産業廃棄物課）
平成21年 5 月	厚生労働省健康局水道課
平成23年 4 月	環境省地球環境局国際連携課国際地球温暖化対策室
平成25年10月	環境省廃棄物・リサイクル対策部企画課
平成27年 4 月	環境省中間貯蔵施設チーム
令和元年 7 月	環境省環境再生・資源循環局廃棄物適正処理推進課
令和 4 年 7 月	環境省地球環境局総務課気候変動観測研究戦略室長（併）排出・吸収インベントリ算定企画官

環境省地球環境局総務課気候変動適応室長
Director of Climate Change Adaptation
Office, Global Environment Bureau, Ministry
of the Environment

塚　田　源一郎（つかだ　げんいちろう）

昭和48年9月26日生．神奈川県出身．
巣鴨高等学校，東京大学工学部都市工学科

平成26年10月	環境省大臣官房廃棄物・リサイクル対策部企画課循環型社会推進室長補佐（インドネシア共和国環境省派遣）
平成29年8月	環境省環境再生・資源循環局企画官
令和元年8月	兵庫県農政環境部参事（公益財団法人地球環境研究戦略機関APNセンター長）
令和3年7月	環境省地球環境局総務課気候変動適応室長

地
球
環
境
局

環境省地球環境局地球温暖化対策課長
Director of Climate Change Policy Division

井　上　和　也（いのうえ　かずや）

	環境省大臣官房秘書課秘書官事務取扱　を経て
平成28年 8 月	環境省地球環境局総務課調査官
平成28年 9 月	原子力規制庁長官官房法規部門企画官
平成30年 7 月	環境省自然環境局国立公園課国立公園利用推進室長
令和元年 7 月	環境省地球環境局地球温暖化対策課市場メカニズム室長
令和 4 年 7 月	環境省地球環境局地球温暖化対策課長

環境省地球環境局地球温暖化対策課地球温暖化対策事業室長
Director, Climate Change Projects Office, Climate Change Policy
Division

松　﨑　裕　司（まつざき　ゆうじ）
昭和46年6月30日生.　兵庫県出身.
京都大学理学研究科

平成13年4月	環境庁入庁
平成30年7月	環境省水・大気環境局水環境課長補佐
平成30年10月	環境省福島地方環境事務所中間貯蔵部調整官
令和2年4月	環境省環境再生・資源循環局廃棄物規制課長補佐
令和4年7月	環境省地球環境局地球温暖化対策課地球温暖化対策事業室長

環境省地球環境局地球温暖化対策課脱炭素ビジネス推進室長

平 尾 禎 秀 （ひらお　よしひで）

昭和52年2月26日生．香川県出身．
高松高校，東京大学法学部，
ニューヨーク大学法科大学院，ペース大学法科大学院

平成11年4月	環境庁長官官房秘書課
平成18年7月	環境省水・大気環境局総務課審査官
平成19年7月	環境省大臣官房廃棄物・リサイクル対策部企画課リサイクル推進室長補佐
平成21年9月	環境省大臣官房秘書課課長補佐
	併任：大臣官房秘書課副大臣秘書事務取扱
	期間：H21.9 ～ H22.9
平成22年9月	環境省地球環境局地球温暖化対策課市場メカニズム室長補佐
平成24年7月	環境省水・大気環境局放射性物質汚染対策担当参事官室参事官補佐
平成26年7月	環境省大臣官房秘書課課長補佐
	外務省欧州連合日本政府代表部一等書記官
平成29年7月	環境省環境再生・資源循環局総務課課長補佐
平成30年8月	環境省地球環境局総務課課長補佐
平成30年10月	環境省大臣官房秘書課秘書官事務取扱
令和元年9月	環境省大臣官房総務課広報室長
令和2年8月	環境省環境再生・資源循環局総務課リサイクル推進室長
	（併）循環型社会推進室長
令和4年7月	環境省地球環境局地球温暖化対策課脱炭素ビジネス推進室長

環境省地球環境局地球温暖化対策課フロン対策室長（併）低炭素物流推進室長

Director, office of Fluorocarbons Control Policy, and Low-Carbon Logistics Promotion Policy, Global Environment Bureau

豊 住 朝 子 （とよずみ　あさこ）

神奈川県出身.
東京工業大学工学部,
東京工業大学大学院総合理工学研究科

	環境省関東地方環境事務所保全統括官
平成30年7月	国土交通省自動車局環境政策課地球温暖化対策室長
令和2年4月	国土交通省自動車局安全・環境基準課環境基準室長
令和2年9月	環境省地球環境局地球温暖化対策課フロン対策室長（併）低炭素物流推進室長

環境省地球環境局地球温暖化対策課事業監理官（兼）大臣官房地域政策
課地域脱炭素事業監理室長（兼）地球環境局総務課地球温暖化対策事業
監理室長

伊　藤　賢　利（いとう　かつとし）

平成27年	環境省地球環境局地球温暖化対策課国民生活対策室長
令和 2 年 4 月	環境省地球環境局総務課地球温暖化対策事業監理室長
令和 3 年 4 月	環境省大臣官房環境計画課地域循環共生圏推進室長（兼）地球環境局総務課地球温暖化対策事業監理室長
令和 4 年 7 月	環境省地球環境局地球温暖化対策課事業監理官（兼）大臣官房地域政策課地域脱炭素事業監理室長（兼）地球環境局総務課地球温暖化対策事業監理室長

環境省地球環境局地球温暖化対策課脱炭素ライフスタイル推進室長
Director, Zero-Carbon Lifestyle Promotion Office Global Environment
Bureau

井　上　雄　祐（いのうえ　ゆうすけ）

平成15年 4 月　環境省入省
令和元年 7 月　環境省環境再生・資源循環局総務課制度企画室長
令和 3 年 7 月　環境省地球環境局総務課政策企画官
令和 4 年 7 月　環境省地球環境局地球温暖化対策課脱炭素ライフスタイ
　　　　　　　　ル推進室長

環境省地球環境局国際連携課長

川　又　孝太郎（かわまた　こうたろう）

平成24年9月	環境省地球環境局国際連携課国際協力室長
平成26年7月	環境省大臣官房廃棄物・リサイクル対策部産業廃棄物課 適正処理・不法投棄対策室長
平成27年9月	ドイツ大使館参事官
平成30年7月	環境省大臣官房環境計画課長
令和2年7月	環境省環境再生・資源循環局参事官（環境再生事業担当）
令和3年10月	環境省水・大気環境局水環境課長
令和4年4月	（兼）土壌環境課長（併）地下水・地盤環境室長
令和4年7月	環境省地球環境局国際連携課長

環境省地球環境局国際連携課気候変動国際交渉室長

青　竹　寛　子　(あおたけ　ひろこ)

平成13年7月　　環境省
令和元年5月　　岐阜県環境生活部次長
令和4年4月　　環境省地球環境局国際連携課気候変動国際交渉室長

環境省地球環境局国際連携課国際脱炭素移行推進・環境インフラ担当参事官

水 谷 好 洋 （みずたに　よしひろ）

昭和45年11月2日生．大阪府出身．A型
大阪府立三国丘高校，京都大学，
京都大学大学院工学研究科（修士）

平成9年4月　厚生省入省
平成28年7月　環境省地球環境局国際連携課国際協力室長
平成29年7月　環境省地球環境局地球温暖化対策課地球温暖化対策事業
　　　　　　　室長
平成30年7月　ドイツ大使館参事官
令和3年9月　環境省地球環境局国際連携課国際地球温暖化対策担当参
　　　　　　　事官
令和4年4月　環境省地球環境局国際連携課国際脱炭素移行推進・環境
　　　　　　　インフラ担当参事官

環境省地球環境局国際連携課地球環境情報分析官

中　野　正　博（なかの　まさひろ）

令和 4 年 4 月　環境省地球環境局国際連携課地球環境情報分析官

環境省水・大気環境局長
Director-General, Environmental Management Bureau

秦　　康之 （はた　やすゆき）

京都大学工学部衛生工学科

平成26年 4 月	環境省地球環境局国際連携課国際地球温暖化対策室長
平成26年 7 月	環境省水・大気環境局放射性物質汚染対策担当参事官
平成27年 8 月	環境省水・大気環境局放射性物質汚染対策担当参事官（充）土壌環境課長
平成27年10月	内閣官房参事官
平成29年 7 月	環境省大臣官房環境計画課長
平成30年 7 月	環境省地球環境局総務課長
令和 2 年 7 月	環境省大臣官房総務課長
令和 3 年 7 月	環境省福島地方環境事務所長
令和 4 年 7 月	環境省水・大気環境局長

環境省水・大気環境局総務課長（併）自動車環境対策課長
Director, Policy and Coordination Division

福　島　健　彦（ふくしま　たけひこ）
昭和41年9月4日生．北海道出身．
札幌北高校，京都大学理学部化学教室

平成5年4月	環境庁企画調整局環境保健部保健業務課保健調査室
平成7年1月	国立環境研究所地球環境研究センター
平成8年4月	環境庁大気保全局自動車環境対策第二課
平成11年9月	通商産業省工業技術院エネルギー技術研究開発課技術班長
平成13年1月	経済産業省産業技術環境局研究開発課課長補佐
平成13年9月	環境省総合環境政策局環境保健部環境安全課課長補佐
平成16年12月	経済協力開発機構（OECD）環境局環境保健安全課
平成20年8月	環境省地球環境局環境保全対策課環境協力室室長補佐
平成22年7月	環境省総合環境政策局環境保健部環境安全課課長補佐
平成24年9月	国土交通省自動車局環境政策課地球温暖化対策室長
平成26年7月	環境省総合環境政策局環境保健部企画課化学物質審査室長
平成28年7月	環境省地球環境局地球温暖化対策課調整官（併）地球温暖化対策事業室長
平成29年7月	環境省地球環境局国際連携課長
令和元年7月	内閣官房内閣参事官（内閣総務官室）
令和3年7月	環境省大臣官房総合政策課長
令和4年7月	環境省水・大気環境局総務課長（併）自動車環境対策課長

水・大気環境局

環境省水・大気環境局総務課調査官（併）環境管理技術室長
Senior Policy Coordinator, Policy and Coordination Division

鈴　木　延　昌 (すずき　のぶあつ)

昭和47年 2 月22日生．神奈川県出身．

平成 8 年 4 月	運輸省入省
平成20年 7 月	国土交通省自動車交通局技術安全部技術企画課先進技術推進官
平成23年 7 月	国土交通省自動車局環境政策課次世代自動車推進官
平成24年 4 月	独立行政法人交通安全環境所自動車審査部首席自動車審査官
平成26年 4 月	国土交通省中国運輸局鉄道部長
平成29年 4 月	国土交通省自動車局審査・リコール課不具合情報調査推進室長
平成30年 7 月	独立行政法人鉄道建設・運輸施設整備支援機構施設管理部長
令和 3 年 7 月	環境省水・大気環境局総務課調査官（併）環境管理技術室長

環境省水・大気環境局総務課越境大気汚染情報分析官

東　　幸　毅（あずま　こうき）

昭和37年 5 月24日生．広島県出身．
京都大学工学部

昭和61年	厚生省入省
平成17年 7 月	環境省大臣官房廃棄物・リサイクル対策部企画課自動車リサイクル対策室長
平成18年 7 月	防衛施設庁施設部施設企画課環境対策室長
平成19年 9 月	防衛省地方協力局施設管理課環境対策室長
平成20年 8 月	厚生労働省健康局水道課水道計画指導室長
平成22年 7 月	独立行政法人水資源機構管理事業部次長
平成24年 4 月	独立行政法人水資源機構管理事業部長
平成25年 7 月	公益財団法人廃棄物・ 3 R 研究財団企画部統括研究員
平成26年 7 月	中間貯蔵・環境安全事業株式会社事業部長
平成26年12月	中間貯蔵・環境安全事業株式会社PCB処理事業部長
平成28年 7 月	公害等調整委員会事務局審査官
平成30年 9 月	国際派遣（カンボジア王国工業手工芸省）
令和 3 年 4 月	環境省水・大気環境局総務課越境大気汚染情報分析官

環境省水・大気環境局大気環境課長
Director Air Environment Division

太　田　志津子（おおた　しづこ）

北海道出身.
北海道立札幌北高等学校，東京大学理学部生物化学科，
東京大学大学院理学系研究科生物化学専攻

平成 3 年 4 月	環境庁入庁
平成 3 年 4 月	環境庁環境保健部保健業務課保健調査室
平成 5 年 4 月	環境庁大気保全局企画課
平成 6 年 4 月	環境庁大気保全局企画課交通公害対策室主査
平成 6 年 7 月	環境庁大気保全局自動車環境対策第一課主査
平成 7 年 7 月	科学技術庁原子力局技術振興課放射線利用推進室企画係長
平成 8 年 5 月	科学技術庁原子力局研究技術課助成係長
平成 9 年 7 月	環境庁環境保健部環境安全課化学物質対策係長
平成10年 7 月	環境庁環境保健部環境安全課保健専門官
平成11年 7 月	環境庁大気保全局企画課広域大気管理室室長補佐
平成13年 1 月	環境省地球環境局環境保全対策広域大気専門官
平成13年 7 月	横浜市環境保全局総務部担当課長
平成15年 4 月	環境省環境管理局総務課ダイオキシン対策室室長補佐
平成17年 7 月	環境省環境管理局水環境部土壌環境課課長補佐
平成18年 4 月	日本環境安全事業株式会社事業部上席調査役
平成18年 6 月	日本環境安全事業株式会社事業部事業企画課長
平成20年 8 月	環境省地球環境局環境保全対策課課長補佐
平成21年 4 月	環境省水・大気環境局総務課ダイオキシン対策室室長補佐
平成22年 4 月	慶應義塾大学環境情報学部教授
平成24年 4 月	環境省大臣官房総務課環境情報室長
平成25年 4 月	独立行政法人水資源機構環境室水環境課長
平成26年 4 月	独立行政法人水資源機構ダム事業本部ダム事業部担当課長
平成27年 8 月	環境省総合環境政策局総務課環境研究技術室長
平成29年 7 月	環境省大臣官房総合政策課環境研究技術室長
平成29年 8 月	内閣府政策統括官（科学技術・イノベーション担当）付参事官
令和元年 7 月	環境省大臣官房環境保健部環境安全課長
令和 4 年 4 月	環境省水・大気環境局大気環境課長

主要著書　『持続可能な社会に向けた環境人材育成』（化学工業日報社，
　　　　　2013）

環境省水・大気環境局大気環境課大気生活環境室長
Director, Office of Odor, Noise and Vibration

水　原　健　介 (みずはら　けんすけ)

昭和52年 4 月21日生．愛知県出身．
愛知県立明和高校，京都大学，
京都大学大学院

平成15年 4 月　環境省入省
令和 4 年10月　環境省水・大気環境局大気環境課大気生活環境室長

環境省水・大気環境局水環境課長
Director, Water Environment Division

大 井 通 博 （おおい　みちひろ）

昭和45年4月20日生．京都府出身．A型
峰山高校，京都大学理学部，
京都大学大学院理学研究科

平成7年4月	環境庁大気環境局大気規制課
平成15年7月	英国イーストアングリア大学留学
平成17年7月	環境省環境保健部化学物質審査官室長補佐
平成20年7月	経済協力開発機構（OECD）環境局出向
平成23年7月	環境省地球環境局国際地域温暖化対策室・地球環境問題交渉官
平成25年7月	環境省総合環境政策局環境保健部環境安全課長補佐
平成26年7月	環境省地球環境局国際連携課国際地球温暖化対策室長
平成28年6月	環境省総合環境政策局環境影響評価課環境影響審査室長
平成30年7月	環境省地球環境局総務課研究調査室長（併）気候変動適応室長
平成31年4月	環境省地球環境局総務課脱炭素化イノベーション研究調査室長
令和元年7月	環境省地球環境局国際連携課長
令和4年7月	環境省水・大気環境局水環境課長

学生時代の所属部　京大合唱団

環境省水・大気環境局水環境課企画官

北 村 武 紀 （きたむら　たけのり）

平成 7 年11月	科学技術庁入庁
平成21年 4 月	熊本大学研究国際部研究支援課長
平成25年 4 月	原子力規制庁放射線対策・保障措置課専門官
平成25年10月	放射線医学総合研究所研究基盤センター安全・施設部安全計画課長
平成27年11月	文部科学省科学技術・学術政策局産業連携・地域支援課課長補佐
平成30年 8 月	文部科学省研究振興局ライフサイエンス課生命倫理・安全対策室室長補佐
令和元年 6 月	内閣府宇宙開発戦略推進事務局参事官補佐
令和 4 年 7 月	環境省水・大気環境局水環境課企画官

環境省水・大気環境局水環境課閉鎖性海域対策室長
Director, Office of Environmental Management of Enclosed Coastal Seas

木 村 正 伸（きむら　まさのぶ）

岩手県出身.
岩手県立水沢高等学校,
早稲田大学大学院理工学研究科修士課程修了（物理学及び応用物理学専攻）

平成 6 年 4 月	環境庁入庁、大気保全局企画課広域大気管理室
平成 8 年 7 月	環境庁水質保全局土壌農薬課
平成10年 7 月	行政官長期在外研究員、ロンドン大学（UCL）
平成12年 8 月	環境庁大気保全局自動車環境対策第二課燃料係長
平成13年 1 月	環境省総合環境政策局環境研究技術室調整専門官
平成15年 4 月	環境省総合環境政策局環境保健部企画課化学物質審査室室長補佐
平成17年 9 月	環境省水・大気環境局土壌環境課農薬環境管理室室長補佐
平成20年 7 月	日本環境安全事業（株）事業部上席調査役
平成22年 7 月	環境省大臣官房廃棄物・リサイクル対策部企画課課長補佐
平成24年 7 月	環境省大臣官房廃棄物・リサイクル対策部産業廃棄物課課長補佐
平成25年 7 月	環境省総合環境政策局環境保健部企画課化学物質審査室長
平成26年 7 月	在ドイツ日本国大使館参事官
平成27年 8 月	内閣府政策統括官（科学技術・イノベーション担当）付参事官（基本政策担当）付企画官
平成29年 7 月	環境省地球環境局総務課研究調査室長（併）気候変動適応室長
平成30年 7 月	国立環境研究所環境情報部長
令和元年 5 月	国立環境研究所福島支部長
令和 4 年 7 月	環境省水・大気環境局水環境課閉鎖性海域対策室長

環境省水・大気環境局水環境課海洋環境室長
Director, Office of Marine Environment

杉 本 留 三 (すぎもと　りゅうぞう)

昭和49年生．千葉県出身．
東京大学工学系研究科都市工学専攻

平成11年 4 月	環境庁入庁
平成13年 1 月	環境省環境管理局総務課ダイオキシン対策室
平成15年 7 月	経済産業省産業技術環境局研究開発課
平成17年 9 月	環境省総合環境政策局環境影響評価室
平成18年 6 月	米国　インディアナ大学に留学
平成20年 7 月	環境省廃棄物・リサイクル対策部リサイクル推進室室長補佐
平成21年12月	環境省地球環境局地球温暖化対策課課長補佐
平成24年 9 月	アジア開発銀行に出向
平成28年 7 月	環境省地球環境局国際連携課課長補佐
平成29年 7 月	環境省地球環境局国際連携課国際協力室長
平成30年 4 月	環境省地球環境局国際連携課国際協力・環境インフラ戦略室長
令和 4 年 4 月	環境省水・大気環境局水環境課海洋環境室長

水・大気環境局

環境省水・大気環境局水環境課海洋プラスチック汚染対策室長

藤　井　好太郎（ふじい　こうたろう）

平成11年4月　環境庁入庁
令和元年7月　環境省大臣官房総務課環境情報室長（併）危機管理室長
令和4年8月　環境省水・大気環境局水環境課海洋プラスチック汚染対策室長

環境省水・大気環境局水環境課土壌環境室長

稲 井 康 弘 （いない　やすひろ）

昭和51年8月8日生．愛媛県出身．
東京大学大学院修了

平成13年4月	国土交通省入省
平成19年4月	国土交通省中国地方整備局広島国道事務所調査設計第一課長
平成20年4月	国土交通省中国地方整備局広島国道事務所計画課長
平成21年7月	国土交通省中国地方整備局企画部企画課課長補佐
平成22年4月	国土交通省中国地方整備局企画部企画課長
平成24年4月	環境省水・大気環境局自動車環境対策課課長補佐
平成26年4月	国土交通省総合政策局官民連携政策課課長補佐
平成28年4月	大分県土木建築部道路建設課長
平成29年4月	大分県土木建築部参事監兼道路建設課長
令和元年7月	国土交通省近畿地方整備局京都国道事務所長
令和3年4月	一般財団法人国土技術研究センター技術・調達政策グループ副総括
令和4年6月	環境省地球環境局地球温暖化対策課事業監理官（併）環境再生・資源循環局環境再生事業担当参事官室
令和4年7月	環境省水・大気環境局水環境課土壌環境室長（併）環境再生・資源循環局環境再生事業担当参事官室

環境省水・大気環境局水環境課農薬環境管理室長
Director of Agricultural Chemicals Control Office

伊　澤　　航 (いざわ　わたる)

昭和49年6月15日生．神奈川県出身．B型
神奈川県立湘南高校，東京農工大学農学部，
東京農工大学大学院農学研究科修士課程

	農林水産省入省
平成29年4月	岡山市産業観光局審議監（農林水産担当）
平成30年4月	岡山市産業観光局農林水産部長
令和2年4月	農林水産省生産局農産部地域作物課生産専門官
令和3年7月	環境省水・大気環境局土壌環境課農薬環境管理室長
令和4年7月	環境省水・大気環境局水環境課農薬環境管理室長

環境省自然環境局長
Director-General, Nature Conservation
Bureau

奥　田　直　久（おくだ　なおひさ）
昭和37年11月8日生．東京都出身．
東京学芸大学付属高校，東京大学農学部林学科（森林風致計画学専攻）

昭和61年4月	環境庁入庁（長官官房秘書課）自然保護局企画調整課
昭和61年10月	環境庁自然保護局保護管理課
昭和62年4月	環境庁中部山岳国立公園管理事務所（上高地管理官）
昭和64年1月	環境庁自然保護局計画課 兼 保護管理課
平成3年4月	環境庁自然保護局企画調整課自然ふれあい推進室
平成4年5月	環境基本法制準備室（併任）
平成6年4月	環境庁自然保護局野生生物課野生生物専門官
平成8年7月	環境庁自然保護局計画課計画調査専門官
平成8年10月	環境庁自然保護局計画課南極保全専門官
平成8年12月	人事院短期在外研究員（ニュージーランド自然保護庁派遣）
平成10年4月	環境庁自然保護局計画課審査官
平成11年2月	外務省在ケニア日本国大使館一等書記官 兼 対国連環境計画常駐副代表
平成14年3月	環境省自然保護局自然環境計画課課長補佐
平成17年7月	環境省地球環境局総務課調査官
平成19年5月	G8環境大臣会合等準備室長（併任）
平成20年7月	環境省九州地方環境事務所保全統括官（兼）那覇自然環境事務所長
平成23年7月	環境省自然環境局自然環境計画課生物多様性地球戦略企画室長
平成27年7月	環境省自然環境局野生生物課長
平成28年6月	環境省自然環境局自然環境計画課長
平成30年7月	環境省大臣官房サイバーセキュリティ・情報化審議官
令和2年7月	長崎税関長 兼 税関研修所長崎支所長
令和3年7月	環境省自然環境局長

自
然
環
境
局

環境省自然環境局総務課長

細　川　真　宏（ほそかわ　まさひろ）

平成25年 7 月	原子力規制庁総務課企画官
平成26年 9 月	環境省大臣官房総務課政策企画調査官
平成28年 7 月	警察庁生活安全企画課都市防犯対策官
平成30年 7 月	環境省環境再生・資源循環局環境再生施設整備担当参事官
令和 2 年 7 月	内閣官房内閣参事官
令和 4 年 7 月	環境省自然環境局総務課長

環境省自然環境局総務課調査官

長 田　　　啓 (おさだ　けい)

昭和46年 9 月 6 日生.
埼玉県立浦和高校，東京工業大学工学部社会工学科

	環境省佐渡自然保護官事務所首席自然保護官
	環境省自然環境局国立公園課課長補佐
	鹿児島県環境林務部自然保護課長　などを経て
平成29年 8 月	環境省自然環境局自然環境計画課生物多様性主流化室長
平成30年 7 月	環境省自然環境局総務課動物愛護管理室長
令和 3 年 8 月	環境省自然環境局総務課調査官

自
然
環
境
局

環境省自然環境局総務課国民公園室長（併）新宿御苑管理事務所長

曽　宮　和　夫（そみや　かずお）

昭和43年3月15日生．大分県出身．
大分県立佐伯鶴城高校，広島大学総合科学部卒，
同大学院生物圏科学研究科博士課程前期修了

平成5年4月　　環境庁入庁
平成27年5月　　環境省自然環境局外来生物対策室長
平成30年7月　　環境省自然環境局生物多様性センター長
令和2年8月　　環境省大臣官房総合政策課環境研究技術室長
令和3年8月　　環境省自然環境局総務課国民公園室長（併）新宿御苑管
　　　　　　　　理事務所長

環境省自然環境局総務課動物愛護管理室長
Director, Office of Animal Welfare and Management

野　村　　　環（のむら　たまき）

昭和50年生.
千葉大学

平成11年4月	環境庁入庁
平成22年7月	環境省中部地方環境事務所国立公園・保全整備課長
平成28年9月	環境省福島地方環境事務所中間貯蔵部中間貯蔵施設整備推進課長
令和3年8月	環境省自然環境局総務課動物愛護管理室長

自然環境局

環境省自然環境局自然環境計画課長
Director of Biodiversity Policy Division

堀　上　　　勝（ほりかみ　まさる）

昭和40年5月8日生．東京都出身．
都立八王子東高校，日本大学

平成13年	環境省自然環境局自然環境計画課課長補佐
平成15年	環境省自然環境局野生生物課課長補佐
平成19年	鹿児島県環境保護課長
平成21年7月	環境省自然環境局総務課自然ふれあい推進室長
平成25年6月	環境省自然環境局自然環境計画課生物多様性施策推進室長
平成28年4月	環境省自然環境局総務課調査官
平成29年7月	環境省自然環境局野生生物課長
令和元年7月	環境省水・大気環境局土壌環境課長（併）地下水・地盤環境室長
令和2年7月	環境省大臣官房環境影響評価課長
令和3年7月	環境省自然環境局自然環境計画課長

環境省自然環境局自然環境計画課生物多様性戦略推進室長

山 本 麻 衣 （やまもと　まい）

山口県出身．
山口県立徳山高校，東京大学農学部

平成 7 年 4 月	環境庁入省
	環境省自然環境局野生生物課課長補佐、環境省自然環境局自然環境計画課課長補佐、長崎県自然環境課長などを経て
平成29年 4 月	環境省自然環境局自然環境整備課温泉地保護利用推進室長
令和 2 年 7 月	環境省自然環境局野生生物課希少種保全推進室長
令和 4 年 7 月	環境省自然環境局自然環境計画課生物多様性戦略推進室長

自
然
環
境
局

環境省自然環境局自然環境計画課生物多様性主流化室長
Director, Office for Mainstreaming Biodiversity, Biodiversity Policy
Division, Nature Conservation Bureau, Ministry of the Environment

浜　島　直　子 (はましま　なおこ)

昭和56年2月2日生．神奈川県出身．AB型
フェリス女学院高校，東京外国語大学英語学科，
コーネル大学公共政策大学院

平成15年4月	環境省環境管理局総務課
平成16年4月	環境省総合環境政策局環境経済課
平成18年3月	環境省環境保健部石綿健康被害対策室係長
平成19年4月	環境省環境保健部企画課係長
平成20年7月	内閣官房地域活性化統合事務局主査
平成22年8月	人事院長期在外派遣（コーネル大学公共政策大学院）
平成24年6月	環境省大臣官房政策評価広報課課長補佐
平成24年10月	環境省大臣官房秘書課（副大臣秘書官）
平成25年10月	環境省総合環境政策局環境計画課課長補佐
平成27年7月	環境省水・大気環境局除染チーム参事官補佐
平成29年9月	育児休業
平成31年4月	中間貯蔵・環境安全事業株式会社PCB処理営業部営業企画課長
令和2年4月	千葉商科大学基盤教育機構准教授
令和4年8月	環境省自然環境局自然環境計画課生物多様性主流化室長

主要論文　Designing an International Carbon Tax: Addressing "Fairness"
Concerns through a Revenue Distribution Mechanism（May 2012, 修士論
文，未公刊）炭素配当の世帯属性別効果及び必要性に関する一考察『環境福
祉学研究』6.1（2021）:17-28.統合報告書のトップメッセージに見る企業の意
識表明と情報開示の進展との関係について『環境福祉学研究』（2022）

環境省自然環境局国立公園課長
Director, National Park Division, Nature Conservation Bureau

則 久 雅 司 (のりひさ　まさし)

昭和42年4月26日生. 香川県出身.
香川県大手前高等学校, 東京大学農学部,
東京大学大学院農学系研究科

平成4年4月	環境庁入庁
平成13年1月	環境省自然環境局自然環境計画課調整専門官
平成17年10月	環境省自然環境局国立公園課課長補佐
平成20年7月	環境省釧路自然環境事務所統括自然保護企画官
平成23年7月	鹿児島県環境林務部自然保護課長
平成26年4月	鹿児島県環境林務部参事 兼 自然保護課長
平成27年4月	環境省自然環境局自然環境計画課課長補佐
平成27年7月	環境省自然環境局総務課動物愛護管理室長
平成30年7月	環境省環境再生・資源循環局参事官
令和3年8月	環境省自然環境局野生生物課長
令和4年7月	環境省自然環境局国立公園課長

環境省自然環境局国立公園課国立公園利用推進室長（併）環境再生・資源循環局総務課循環型社会推進企画官

岡　野　隆　宏（おかの　たかひろ）

平成 9 年 4 月　環境庁入庁
令和 2 年 7 月　環境省自然環境局自然環境整備課温泉地保護利用推進室長
令和 3 年 7 月　環境省自然環境局国立公園課国立公園利用推進室長（併）
　　　　　　　　環境再生・資源循環局総務課循環型社会推進企画官

環境省自然環境局自然環境整備課長

萩 原 辰 男 (はぎわら　たつお)

昭和39年6月4日生．埼玉県出身．
埼玉県立越ケ谷高等学校

昭和58年4月　環境庁入庁
平成30年4月　環境省水・大気環境局総務課課長補佐
令和元年7月　環境省大臣官房秘書課長補佐
令和3年4月　環境省大臣官房秘書課調査官
令和4年4月　環境省自然環境局自然環境整備課長

自
然
環
境
局

環境省自然環境局自然環境整備課温泉地保護利用推進室長

北　橋　義　明 （きたはし　よしあき）

昭和48年10月6日生．大阪府出身．
大阪府立四条畷高校,
北海道大学大学院農学専攻

平成10年4月　　環境庁（当時）入庁
平成21年4月　　東北地方環境事務所国立公園課長
平成23年7月　　十和田自然保護官事務所長
平成25年4月　　九州地方環境事務所国立公園課長
平成29年5月　　日光国立公園管理事務所長
平成30年7月　　環境省自然環境局野生生物課外来生物対策室長
令和3年7月　　環境省自然環境局自然環境整備課温泉地保護利用推進室長

趣味　登山,　スキー,　釣り,　自転車
学生時代の所属部　北大歩く会

環境省自然環境局野生生物課長
Director of Wildlife Division

中　澤　圭　一 （なかざわ　けいいち）

	中間貯蔵・環境安全事業株式会社管理部次長
平成29年 8 月	環境省自然環境局自然環境計画課生物多様性戦略推進室長
令和 4 年 7 月	環境省自然環境局野生生物課長

自
然
環
境
局

環境省自然環境局野生生物課鳥獣保護管理室長

東　岡　礼　治（ひがしおか　れいじ）
筑波大学大学院修士課程環境科学研究科

平成29年11月　九州地方環境事務所保全統括官　併任　那覇自然環境事務
　　　　　　　所長（現在：沖縄奄美自然環境事務所長）
令和３年８月　環境省自然環境局野生生物課鳥獣保護管理室長

環境省自然環境局野生生物課希少種保全推進室長

河 野 通 治 （こうの　みちはる）

昭和45年1月24日生．京都府出身．
京都大学工学部

平成7年4月	環境庁入庁
平成24年10月	環境省自然環境局自然環境計画課生物多様性地球戦略企画室室長補佐
平成26年4月	環境省自然環境局野生生物課補佐
平成27年4月	環境省自然環境局国立公園課補佐
平成29年5月	環境省北海道地方環境事務所釧路自然環境事務所国立公園調整官
平成30年7月	環境省大臣官房環境経済課環境教育推進室長
平成31年4月	環境省大臣官房総合政策課環境教育推進室長（併）民間活動支援室長
令和元年7月	中間貯蔵・環境安全事業株式会社管理部次長 兼 経営企画課長
令和4年8月	環境省自然環境局野生生物課希少種保全推進室長

自
然
環
境
局

環境省自然環境局野生生物課外来生物対策室長
Director,Office for Alien Species Management, Nature Conservation
Bureau, Ministry of the Environment

大　林　圭　司（おおばやし　けいじ）

昭和49年 2 月18日生．愛知県出身．
愛知県立岡崎高校,
東京大学大学院農学生命科学研究科

平成11年 4 月　環境庁入庁
平成30年 4 月　環境省北海道地方環境事務所統括自然保護企画官
令和 3 年 7 月　環境省自然環境局野生生物課外来生物対策室長

環境省自然環境局皇居外苑管理事務所長
Director, kokyogaien National Garden Office

中 村 邦 彦（なかむら　くにひこ）
東京都出身.
専修大学

平成30年4月　環境省大臣官房会計課監査指導室長
令和2年4月　独立行政法人環境再生保全機構補償業務部長
令和3年4月　環境省自然環境局皇居外苑管理事務所長

自
然
環
境
局

環境省自然環境局京都御苑管理事務所長
Director, Kyoto Gyoen National Garden Office

田　中　英　二（たなか　えいじ）

昭和47年 7 月27日生．広島県出身．
私立修道高校，東京大学，
東京大学大学院

平成10年 4 月	環境庁入庁
平成17年10月	環境省自然環境局国立公園課保護管理専門官
平成19年 1 月	環境省自然環境局野生生物課外来生物対策室移入生物専門官
平成21年 4 月	在ケニア日本国大使館一等書記官
平成24年 4 月	環境省九州地方環境事務所野生生物課長
平成26年 7 月	環境省中部地方環境事務所国立公園・保全整備課長
平成27年 4 月	環境省地球環境局国際連携課課長補佐
平成30年 4 月	国連大学サステナビリティ高等研究所SATOYAMAイニシアティブ調整官
平成31年 4 月	環境省自然環境局自然環境計画課生物多様性国際企画官
令和 4 年 9 月	環境省自然環境局京都御苑管理事務所長

主要著書　『環境政策論講義 SDGｓ達成に向けて』（共著）（竹本和彦編，東京大学出版会，2020年）
主要論文　『外来水生生物対策に関する環境省の取り組み　特集 水産業と外来生物』（日本水産学会誌　Vol.73, No. 6 , 2007年11月）
資格　実用英検準 1 級，国連英検B級，測量士補，漢字検定 2 級，旅行地理検定 2 級
趣味　旅行，登山，音楽鑑賞
学生時代の所属部　ワンダーフォーゲル部

環境省自然環境局新宿御苑管理事務所長（併）総務課国民公園室長
Director, Shinjuku Gyoen National Garden Management Office

曽　宮　和　夫 (そみや　かずお)

昭和43年3月15日生．大分県出身．
大分県立佐伯鶴城高校，広島大学総合科学部卒，
同大学院生物圏科学研究科博士課程前期修了

平成5年4月	環境庁入庁
平成27年5月	環境省自然環境局外来生物対策室長
平成30年7月	環境省自然環境局生物多様性センター長
令和2年8月	環境省大臣官房総合政策課環境研究技術室長
令和3年8月	環境省自然環境局新宿御苑管理事務所長（併）総務課国民公園室長

自然環境局

環境省自然環境局千鳥ヶ淵戦没者墓苑管理事務所長

吉　成　信　行（よしなり　のぶゆき）

令和4年9月　環境省自然環境局千鳥ヶ淵戦没者墓苑管理事務所長

環境省自然環境局生物多様性センター長
Director of Biodiversity Center of Japan

松 本 英 昭 (まつもと　ひであき)

昭和46年生．鳥取県出身．
鳥取県立米子東高等学校，東北大学理学部，
岐阜大学大学院

平成9年　　　環境省入庁
令和2年8月　環境省自然環境局生物多様性センター長

自
然
環
境
局

学生時代の所属部　囲碁部

環境省環境再生・資源循環局長

Director-General, Environment Regeneration and Material Cycles
Bureau

土　居　健太郎 （どい　けんたろう）

平成 2 年 4 月	厚生省入省
平成21年 7 月	環境省水・大気環境局大気環境課大気生活環境室長
平成22年10月	環境省地球環境局総務課低炭素社会推進室長
平成26年 7 月	環境省地球環境局地球温暖化対策課長
平成27年10月	環境省東北地方環境事務所福島環境再生事務所長
平成29年 7 月	環境省福島地方環境事務所長
平成30年 4 月	環境省環境再生・資源循環局総務課長
令和 2 年 7 月	環境省大臣官房審議官
令和 3 年 7 月	環境省環境再生・資源循環局次長
令和 4 年 7 月	環境省環境再生・資源循環局長

環境省環境再生・資源循環局次長

Deputy Director-General, Environment Regeneration and Material
Cycles Bureau

前 佛 和 秀 （ぜんぶつ　かずひで）

昭和41年 8 月30日生．北海道出身．
北海道大学大学院工学研究科土木工学専攻

平成 3 年 4 月	建設省入省
平成22年 4 月	国土交通省中部地方整備局沼津河川国道事務所長
平成24年 4 月	国土交通省土地・建設産業局建設業課建設技術企画官
平成25年 8 月	国土交通省道路局高速道路課有料道路調整室長
平成27年 4 月	秋田県建設部建設技監
平成28年 4 月	秋田県建設部長
平成29年 7 月	国土交通省九州地方整備局道路部長
令和 2 年 6 月	国土交通省道路局国道・技術課長
令和 3 年 7 月	環境省大臣官房審議官
令和 4 年 7 月	環境省環境再生・資源循環局次長

資環
源境
循再
環生
局・

環境省環境再生・資源循環局総務課長
Director, Policy and Coordination Division, Environment
Regeneration and Material Cycles Bureau

鮎 川 智 一 （あゆかわ　ともかず）

	環境省地球環境局総務課課長補佐　を経て
平成24年 9 月	原子力規制庁総務課企画調査官
平成26年 7 月	環境省大臣官房廃棄物・リサイクル対策部廃棄物対策課 浄化槽推進室長
平成27年 7 月	環境省地球環境局地球温暖化対策課フロン対策室長
平成28年 7 月	環境省大臣官房総務課政策評価室長（併）環境情報室長
平成29年 7 月	環境省地球環境局地球温暖化対策課市場メカニズム室長
令和元年 7 月	環境省大臣官房環境影響評価課長
令和 2 年 7 月	環境省環境再生・資源循環局参事官（中間貯蔵）
令和 4 年 7 月	環境省環境再生・資源循環局総務課長

環境省環境再生・資源循環局総務課循環指標情報分析官

外 山 洋 一 (とやま よういち)

神奈川県出身.

平成28年 8 月	厚生労働省職業能力開発局海外協力課調査官
平成29年 4 月	厚生労働省職業能力開発局キャリア形成支援課調査官
平成29年 7 月	厚生労働省人材開発統括官付参事官(若年者・キャリア形成支援担当)付調査官
平成30年 7 月	兵庫県農政環境部参事
令和 4 年10月	環境省環境再生・資源循環局総務課循環指標情報分析官

環境省環境再生・資源循環局総務課リサイクル推進室長（併）循環型社
会推進室長
Director, Office for Recycling Promotion and Office for Promotion of
Sound Material-Cycle Society

水 谷 努（みずたに　つとむ）

昭和51年2月28日生．東京都出身．A型
東京都立神代高校，早稲田大学法学部

平成12年4月	環境庁大臣官房秘書課
平成12年4月	環境庁自然保護局企画調整課
平成13年1月	環境省自然環境局総務課
平成13年4月	環境省大臣官房総務課
平成14年7月	環境省大臣官房廃棄物・リサイクル対策部企画課
平成15年4月	環境省大臣官房廃棄物・リサイクル対策部企画課調査計画係長
平成16年7月	環境省大臣官房環境保健部企画課企画法令係長
平成17年7月	環境省大臣官房総務課法令係長
平成18年7月	環境省大臣官房総務課企画係長
平成19年7月	環境省大臣官房総務課課長補佐
平成19年9月	環境省大臣官房秘書課課長補佐（大臣政務官秘書事務取扱）
平成20年8月	環境省大臣官房廃棄物・リサイクル対策部企画課課長補佐
平成22年6月	外務省在ジュネーブ国際機関日本政府代表部一等書記官
平成26年5月	環境省水・大気環境局放射性汚染物質対策担当参事官室参事官補佐
平成27年7月	横浜市資源循環局担当課長
平成29年7月	環境省地球環境局総務課課長補佐（兼）政策企画官
令和元年7月	環境省環境再生・資源循環局総務課課長補佐（兼）政策企画官
令和2年8月	環境省地球環境局総務課課長補佐（兼）政策企画官
令和3年7月	原子力規制庁長官官房総務課企画官（兼）法令審査室企画調整官
令和4年7月	環境省環境再生・資源循環局総務課リサイクル推進室長（併）循環型社会推進室長

趣味　スポーツ観戦，旅行
学生時代の所属部　応援部
好きな言葉　実るほど頭を垂れる稲穂かな

**環境省環境再生・資源循環局廃棄物適正処理推進課長 兼 環境再生事業
担当参事官付災害廃棄物対策室長**
Director, Waste Management Division

筒 井 誠 二 (つつい せいじ)

昭和44年生. 東京都出身.
北海道大学,
北海道大学大学院（修士）修了

平成 6 年 4 月	厚生省入省
平成26年 9 月	環境省水・大気環境局総務課除染渉外広報室長
平成27年 8 月	環境省大臣官房廃棄物・リサイクル対策部産業廃棄物課 適正処理・不法投棄対策室長
平成29年 7 月	兵庫県農政環境部参事
令和元年 8 月	環境省水・大気環境局水環境課長
令和 3 年10月	環境省環境再生・資源循環局廃棄物適正処理推進課長
令和 3 年10月	環境再生事業担当参事官付災害廃棄物対策室長を兼任

資環
源境
循再
環生
局・

環境省環境再生・資源循環局廃棄物適正処理推進課浄化槽推進室長
Director, Office for Promotion of Johkasou, Waste Management
Division Environmental

沼 田 正 樹 （ぬまた　まさき）

平成12年4月　環境庁入庁
令和元年7月　横浜市温暖化対策統括本部企画調整部担当部長
令和3年7月　環境省大臣官房総務課広報室長
令和4年7月　環境省環境再生・資源循環局廃棄物適正処理推進課浄化
　　　　　　　槽推進室長

環境省環境再生・資源循環局廃棄物適正処理推進課放射性物質汚染廃棄
物対策室長

林　　里　香 （はやし　りか）

　　　　　　環境省水・大気環境局土壌環境課地下水・地盤環境室室
　　　　　　長補佐などを経て
平成29年 7 月　環境省大臣官房総務課環境情報室長（併）危機管理室長
平成30年 8 月　環境省関東地方環境事務所次長（兼）保全統括官
令和 4 年 7 月　環境省環境再生・資源循環局廃棄物適正処理推進課放射
　　　　　　性物質汚染廃棄物対策室長

環境再生・
資源循環局

環境省環境再生・資源循環局廃棄物規制課長（併）不法投棄原状回復事
業対策室長（併）ポリ塩化ビフェニル廃棄物処理推進室長

松　田　尚　之（まつだ　たかゆき）

平成29年7月　環境省環境再生・資源循環局廃棄物適正処理推進課浄化
　　　　　　　槽推進室長
令和2年7月　環境省大臣官房環境計画課長
令和4年7月　環境省環境再生・資源循環局廃棄物規制課長（併）不法
　　　　　　　投棄原状回復事業対策室長（併）ポリ塩化ビフェニル廃
　　　　　　　棄物処理推進室長

環境省環境再生・資源循環局廃棄物規制課越境移動情報分析官

福　田　宏　之（ふくだ　ひろゆき）

昭和63年 4 月　厚生省入省（生活衛生局水道環境部水道整備課）
平成25年 4 月　厚生労働省健康局水道課水道計画指導室長
平成29年 4 月　国立研究開発法人国立環境研究所環境情報部長
令和 2 年 4 月　環境再生保全機構上席審議役 兼 環境研究総合推進部長
令和 3 年 7 月　環境省環境再生・資源循環局廃棄物規制課越境移動情報
　　　　　　　分析官

環境省環境再生・資源循環局参事官（総括）

新井田　　浩 (にいだ　ひろし)

平成4年4月	建設省入省
平成23年6月	国土交通省河川局防災課水防企画官
平成23年7月	国土交通省水管理・国土保全局防災課水防企画官
平成24年4月	国土交通省水管理・国土保全局防災課災害対策調整官
平成25年4月	埼玉県県土整備部参事
平成27年4月	独立行政法人水資源機構ダム事業本部ダム事業部担当課長
平成29年4月	青森県県土整備部理事
平成31年4月	青森県県土整備部長
令和2年4月	国土交通省北陸地方整備局河川部長
令和3年8月	環境省環境再生・資源循環局参事官（総括）

環境省環境再生・資源循環局参事官（特定廃棄物）（除染）

馬 場 康 弘 （ばば やすひろ）

	東北地方環境事務所福島環境再生事務所調整官 を経て
平成28年4月	環境省地球環境局地球温暖化対策課フロン対策室長
令和元年8月	環境省環境再生・資源循環局企画官
令和3年10月	環境省環境再生・資源循環局環境再生事業担当参事官
令和4年9月	環境省環境再生・資源循環局参事官（特定廃棄物）（除染）

環境省環境再生・資源循環局参事官（中間貯蔵）

内 藤 冬 美 (ないとう　ふゆみ)

平成 9 年 4 月	環境庁入庁
平成19年 7 月	外務省在ジュネーブ国際機関日本政府代表部一等書記官
平成22年 7 月	環境省総合政策局環境経済課課長補佐
平成26年 4 月	環境省自然環境局総務課課長補佐
平成28年 7 月	環境省大臣官房総務課課長補佐
平成30年 8 月	環境省大臣官房総合政策課政策評価室長
令和 2 年 4 月	環境省地球環境局地球温暖化対策課脱炭素ビジネス推進室長（令和 2 年 1 月〜　環境大臣室）
令和 4 年 7 月	環境省環境再生・資源循環局参事官（中間貯蔵）

環境省環境再生・資源循環局参事官（併）水・大気環境局水環境課土壌
環境政策調整官（充）地下水・地盤環境室長

堀 内　　洋（ほりうち　ひろし）

昭和42年7月12日生．神奈川県出身．
筑波大学大学院修士

平成28年8月	環境省自然環境局国立公園課国立公園利用推進室長
平成29年9月	中間貯蔵・環境安全事業株式会社管理部次長
令和元年7月	環境省自然環境局野生生物課希少種保全推進室長
令和2年7月	環境省中部地方環境事務所信越自然環境事務所長
令和4年9月	環境省環境再生・資源循環局参事官（併）水・大気環境局水環境課土壌環境政策調整官（充）地下水・地盤環境室長

環境省環境再生・資源循環局企画官（併）福島再生・未来志向プロジェクト推進室長

布 田 洋 史（ぬのた　ひろし）

昭和50年12月16日生．北海道出身．O型
苫小牧工業高等専門学校，北海道大学

平成11年 4 月	科学技術庁原子力安全課
平成24年 9 月	原子力規制庁安全規制管理官付
平成29年 7 月	原子力規制庁原子力規制部検査監督総括課検査評価室長
令和 3 年10月	環境省環境再生・資源循環局企画官（併）福島再生・未来志向プロジェクト推進室長

環境省環境再生・資源循環局企画官

中 野 哲 哉 (なかの　てつや)

昭和47年9月5日生．北海道出身．
北海道旭川東高等学校，北海道大学

平成8年4月	北海道庁入庁
平成18年4月	環境省水・大気環境局総務課ダイオキシン対策室排出削減係長
平成22年7月	環境省水・大気環境局大気環境課大気生活環境室室長補佐
平成24年1月	環境省水・大気環境局総務課課長補佐
平成26年1月	環境省大臣官房廃棄物・リサイクル対策部産業廃棄物課課長補佐
平成28年7月	東北地方環境事務所保全統括官
平成30年7月	環境省水・大気環境局総務課長補佐
令和元年5月	環境省水・大気環境局水環境課閉鎖性海域対策室長
令和2年8月	環境省環境再生・資源循環局企画官（併）除染業務室長
令和3年4月	環境省環境再生・資源循環局企画官（併）福島再生・未来志向プロジェクト推進室長
令和3年7月	復興庁統括官付参事官付企画官（併任）
令和3年10月	環境省環境再生・資源循環局企画官

環境再生・資源循環局

●原子力規制庁

原子力規制委員会委員長
Chairman, NRA

山　中　伸　介 （やまなか　しんすけ）
昭和30年12月生．兵庫県出身．
大阪大学,
大阪大学大学院

昭和58年 6 月　大阪大学工学部助手
平成 6 年12月　大阪大学工学部助教授
平成10年 5 月　大阪大学大学院工学研究科教授
平成22年 4 月　大阪大学大学院工学研究科附属フロンティア研究センター長
平成28年 4 月　大阪大学大学院工学研究科附属オープンイノベーション
　　　　　　　　教育研究センター長
平成28年 8 月　大阪大学理事・副学長
平成29年 8 月～ 9 月　大阪大学大学院工学研究科教授
平成29年 9 月　原子力規制委員会委員
令和 4 年 9 月　原子力規制委員会委員長

原子力規制委員会

原子力規制委員会委員
Commissioner, NRA

田　中　　知（たなか　さとる）

昭和25年 3 月生.
東京大学大学院工学系研究科博士課程修了

昭和52年12月　東京大学工学部助手（原子力工学）
昭和56年10月　東京大学工学部助教授（工学部付属原子力工学研究施
　　　　　　　設・茨城県東海村）
平成 6 年 2 月　東京大学大学院工学系研究科教授（システム量子工学専
　　　　　　　攻）
平成20年 4 月　東京大学大学院工学系研究科教授（原子力国際専攻）
平成26年 9 月　原子力規制委員会委員
平成27年 6 月　東京大学名誉教授

原子力規制委員会委員
Commissioner, NRA

杉 山 智 之 （すぎやま　ともゆき）

昭和43年 5 月生．静岡県出身．A型
静岡県立藤枝東高校，東京工業大学，
東京工業大学理工学研究科博士課程修了（機械工学）

平成 8 年 4 月	日本原子力研究所入所
平成22年 7 月	独立行政法人日本原子力研究開発機構安全研究センター燃料安全研究グループ研究主幹
平成26年 4 月	原子力規制庁技術基盤課原子力規制専門職
平成28年 4 月	国立研究開発法人日本原子力研究開発機構安全研究・防災支援部門安全研究センター研究主席・シビアアクシデント評価研究グループリーダー
平成30年 4 月	国立研究開発法人日本原子力研究開発機構安全研究・防災支援部門安全研究センターリスク評価研究ディビジョン長
令和 2 年 4 月	国立研究開発法人日本原子力研究開発機構安全研究・防災支援部門安全研究センター原子炉安全研究ディビジョン長
令和 4 年 4 月	国立研究開発法人日本原子力研究開発機構安全研究・防災支援部門安全研究センター副センター長
令和 4 年 9 月	原子力規制委員会委員

原子力規制委員会

原子力規制委員会委員
Commissioner, NRA

伴　　信　彦 (ばん　のぶひこ)

昭和38年7月12日生.
東京大学,
東京大学大学院

昭和63年	動力炉・核燃料開発事業団
平成5年	東京大学助手
平成10年	大分県立看護科学大学講師
平成16年	大分県立看護科学大学助教授
平成19年	大分県立看護科学大学准教授
平成23年	東京医療保健大学教授
平成27年9月	原子力規制委員会委員

原子力規制委員会委員
Commissioner, NRA

石　渡　　　明（いしわたり　あきら）

昭和28年4月生．神奈川県出身．A型
東京都立神代高校，横浜国立大学，金沢大学大学院，
東京大学大学院理学系研究科博士課程修了（地質学）

昭和57年4月　　パリ第6大学構造地質学科助手
昭和61年1月　　金沢大学理学部助手
平成4年6月　　金沢大学理学部助教授
平成15年7月　　金沢大学理学部教授
平成20年4月　　東北大学東北アジア研究センター教授（基礎研究部門地
　　　　　　　　球化学研究分野）
平成26年9月　　原子力規制委員会委員

主要著書　『東北アジア大地のつながり』（共著、2011年東北大学出版会）、
『火成作用（フィールドジオロジー　8）』（共著、2012年共立出版）、『Q&A
火山噴火127の疑問』（日本火山学会編、共著、2015年講談社ブルーバッ
クス）、『The Geology of Japan』（共著、2016年英国地質学会）、『鉱物・
宝石の科学辞典』（共著、2019年朝倉書店）
主要論文　「宮城県北部、石越安山岩の地質・岩石学的特徴とマグマプロ
セス」岩石鉱物科学44、155-170（共著、2015年）、「阿武隈変成帯中に露
出する沈み込み帯域オフィオライト断片の岩石学」岩石鉱物科学44、239-
255（共著、2015年）、「兵庫県川西市の超丹波帯から蛇紋岩礫の発見："舞
鶴島弧"と大江山オフィオライトとの関係」地質学雑誌121、391-401（共著、
2015年）、「岡山県赤磐市の海底岩石（夜久野オフィオライト）」地質技術
7 、11-16（単著、2017年）

原子力規制委員会

123

原子力規制庁長官

片　山　　啓（かたやま　ひろむ）
昭和37年7月8日生．大阪府出身．O型
国立奈良女子大学附属高校，京都大学経済学部経済学科

昭和60年4月	通商産業省入省
平成13年7月	内閣府地方分権改革推進会議事務局企画調整官
平成16年6月	経済産業省産業技術環境局認証課長
平成17年7月	経済産業省資源エネルギー庁電力・ガス事業部電力市場整備課長
平成20年7月	内閣官房副長官補付内閣参事官
平成22年4月	経済産業省経済産業政策局調査課長
平成22年7月	経済産業省原子力安全・保安院企画調整課長
平成24年9月	原子力規制庁総務課長
平成25年7月	独立行政法人原子力安全基盤機構総括参事
平成25年10月	独立行政法人原子力安全基盤機構理事
平成26年3月	原子力規制庁長官官房審議官
平成26年3月	原子力規制庁長官官房核物質・放射線総括審議官
令和元年7月	原子力規制庁次長（兼）原子力安全人材育成センター所長
令和4年7月	原子力規制庁長官

原子力規制庁次長（兼）原子力安全人材育成センター所長
Deputy Secretary-General

金 子 修 一（かねこ　しゅういち）

昭和40年11月15日生．神奈川県出身．AB型
神奈川県立光陵高校，東京工業大学工学部無機材料工学科，
東京工業大学理工学研究科無機材料工学専攻，
オレゴン大学計画・公共政策・管理学科地域計画学修士

平成 2 年 4 月	通商産業省入省（基礎産業局総務課）
平成 3 年 6 月	基礎産業局基礎化学品課
平成 4 年 7 月	機械情報産業局情報処理振興課
平成 6 年 6 月	産業政策局総務課
平成 7 年 6 月	産業政策局産業構造課
平成 8 年 6 月	環境立地局立地政策課
平成10年 6 月	米国留学（オレゴン大学）
平成12年 6 月	大臣官房秘書課
平成12年 9 月	機械情報産業局産業機械課
平成14年 4 月	経済産業省資源エネルギー庁電力・ガス事業部電力基盤整備課
平成16年 6 月	経済産業省原子力安全・保安院企画調整課
平成17年 6 月	経済産業省大臣官房秘書課
平成18年 7 月	経済産業省大臣官房秘書課企画調査官
平成19年 4 月	山口県警察本部警務部長
平成21年 7 月	経済産業省製造産業局航空機武器宇宙産業課宇宙産業室長
平成23年 8 月	内閣官房原子力安全規制組織等改革準備室参事官
平成24年 7 月	経済産業省原子力安全・保安院原子力防災課長（兼）内閣官房原子力安全規制組織等改革準備室参事官
平成24年 9 月	原子力規制庁原子力防災課長
平成26年10月	原子力規制庁長官官房人事課長
平成28年 6 月	原子力規制庁長官官房総務課制度改正審議室統括調整官
平成29年 7 月	原子力規制庁原子力規制部検査監督総括課長（兼）長官官房緊急事案対策室長
令和元年 7 月	原子力規制庁長官官房審議官
令和 3 年 7 月	原子力規制庁長官官房緊急事態対策監
令和 4 年 7 月	原子力規制庁次長（兼）原子力安全人材育成センター所長

原子力規制庁

原子力規制庁原子力規制技監

市 村 知 也 (いちむら　ともや)

昭和41年3月12日生．神奈川県出身．A型
神奈川県立多摩高校，早稲田大学理工学部土木工学科，
早稲田大学大学院理工学研究科，スタンフォード大学工学大学院（修士），
政策研究大学院大学（博士）

平成 2 年 4 月	通商産業省入省（基礎産業局化学品安全課）
平成 4 年 6 月	国土庁大都市圏整備局計画課
平成 6 年 6 月	資源エネルギー庁原子力発電訟務室
平成 7 年 7 月	留学（スタンフォード大学）
平成 9 年 6 月	機械情報産業局電子政策課
平成11年 6 月	資源エネルギー庁原子力発電安全企画審査課
平成13年 1 月	経済産業省資源エネルギー庁原子力政策課
平成14年 6 月	国際原子力機関
平成17年 7 月	経済産業省原子力安全・保安院原子力事故故障対策室長
平成19年 7 月	経済産業省資源エネルギー庁長官官房総合政策課エネルギー戦略推進室長
平成23年 7 月	経済産業省原子力安全・保安院原子力安全技術基盤課長
平成24年 9 月	原子力規制庁安全規制管理官（ＰＷＲ・新型炉担当）
平成29年 7 月	原子力規制庁原子力規制部原子力規制企画課長
令和元年 7 月	原子力規制庁原子力規制部長
令和 4 年 7 月	原子力規制庁原子力規制技監

原子力規制庁長官官房核物質・放射線総括審議官
Director-General for Radiation Protection Strategy and Security

佐 藤　　暁 (さとう　ぎょう)

昭和38年6月5日生. 福岡県出身. O型
福岡県立修猷館高校, 京都大学工学部原子核工学科,
京都大学大学院工学研究科

平成2年4月	通商産業省入省（資源エネルギー庁原子力発電安全管理課）
平成3年5月	機械情報産業局産業機械課
平成5年4月	環境立地局立地政策課
平成6年5月	科学技術庁原子力調査室
平成8年5月	資源エネルギー庁業務課
平成10年7月	カルフォルニア州立大学
平成11年6月	工業技術院エネルギー技術研究開発課
平成13年1月	経済産業省資源エネルギー庁原子力政策課
平成16年5月	経済産業省製造産業局産業機械課
平成18年6月	経済産業省原子力安全・保安院統括原子力保安検査官
平成20年5月	経済産業省原子力安全・保安院電力安全課電気保安室長
平成20年11月	経済産業省原子力安全・保安院企画調整課制度審議室長（併）
平成24年5月	経済産業省原子力安全・保安院原子力安全広報課長
平成24年6月	経済産業省原子力安全・保安院原子力安全特別調査課長（併）
平成24年9月	原子力規制庁政策評価・広聴広報課長
平成26年3月	原子力規制庁原子力規制部原子力規制企画課長
平成28年6月	原子力規制庁長官官房原子力災害対策・核物質防護課長
平成29年7月	原子力規制庁長官官房放射線防護企画課長
令和元年7月	原子力規制庁長官官房審議官（併）内閣府大臣官房審議官（原子力防災担当）
令和3年7月	原子力規制庁長官官房核物質・放射線総括審議官

原子力規制庁

原子力規制庁長官官房緊急事態対策監
Director-General for Emergency Response

古金谷　敏　之（こがねや　としゆき）

昭和43年5月2日生．大阪府出身．AB型
私立清風南海学園，京都大学理学部，
京都大学大学院理学研究科（修士）

平成21年6月	日本貿易保険総務グループ長
平成23年6月	経済産業省原子力安全・保安院原子力事故故障対策・防災広報室長
平成24年9月	原子力規制庁原子力防災課事故対処室長
平成25年10月	経済協力開発機構原子力機関原子力安全専門官
平成28年7月	原子力規制委員会原子力規制庁長官官房制度改正審議室統括調整官
平成29年7月	原子力規制庁原子力規制部安全規制管理官（実用炉監視担当）
令和元年7月	原子力規制庁原子力規制部検査監督総括課長（兼）長官官房緊急事案対策室長
令和4年7月	原子力規制庁長官官房緊急事態対策監

原子力規制庁長官官房審議官（大臣官房担当）
Director-General for Nuclear Regulation Policy

松 下　　整 （まつした　ひとし）

昭和44年10月 1 日生．群馬県出身．
東京大学法学部

平成 4 年	警察庁
平成25年 2 月	広島県警務部長 兼 広島市警察部長
平成28年10月	警視庁犯罪抑止対策本部副本部長 兼 刑事部参事官 兼 交通部参事官 兼 警備部参事官 兼 地域部参事官 兼 公安部参事官 兼 生活安全部参事官 兼 組織犯罪対策部参事官 兼 総務部参事官 兼 警務部参事官
平成29年 4 月	兼 サイバーセキュリティ対策本部副本部長
平成29年 8 月	免 警視庁犯罪抑止対策本部副本部長
平成30年 3 月	愛媛県警本部長
令和元年 9 月	内閣府政策統括官（原子力防災担当）付参事官（企画・国際担当）
令和 2 年 4 月	内閣府政策統括官（原子力防災担当）付参事官（総括担当）
令和 3 年 7 月	原子力規制庁長官官房審議官（大臣官房担当）（兼）内閣府大臣官房審議官（原子力防災担当）

原子力規制庁

原子力規制庁長官官房審議官

Director‐General for Nuclear Regulation Policy

小　野　祐　二（おの　ゆうじ）

平成25年4月	原子力規制庁原子力規制部安全規制調整官
平成28年4月	原子力規制庁原子力規制部安全規制管理官（ＢＷＲ担当）
平成29年7月	原子力規制庁原子力規制部安全規制管理官（実用炉審査担当）
令和元年7月	原子力規制庁原子力規制部安全規制管理官（研究炉等審査担当）
令和2年7月	原子力規制庁長官官房放射線防護企画課長
令和3年7月	原子力規制庁長官官房審議官

原子力規制庁長官官房審議官
Director-General for Nuclear Regulation
Policy

森 下　　泰（もりした　やすし）
昭和42年 1 月11日生．広島県出身．O型
私立修道高校，九州大学工学部航空工学科，
九州大学応用力学課程

平成 4 年 4 月	通商産業省入省
平成11年 6 月	機械情報産業局産業機械課技術班長
平成13年 9 月	地域振興整備公団地方拠点振興部企画調整課長
平成14年 4 月	地域振興整備公団地域産業振興部企画調整課長
平成16年 6 月	経済産業省原子力安全・保安院原子力発電検査課企画班長
平成18年 6 月	経済産業省原子力安全・保安院企画調整課総括班長（政策調整官補佐）
平成19年 7 月	経済産業省原子力安全・保安院電力安全課電気保安室長
平成20年 4 月	経済産業省原子力安全・保安院原子力事故故障対策・防災広報室長
平成21年 6 月	経済産業省原子力安全・保安院地域原子力安全統括管理官（若狭担当）（併）統括安全審査官
平成24年 8 月	経済産業省原子力安全・保安院高経年化対策室長（併）新型炉規制室長
平成24年 9 月	原子力規制庁安全規制調整官
平成26年 3 月	原子力規制庁原子力防災政策課長
平成26年10月	内閣府政策統括官（原子力防災担当）付参事官（総括担当）
平成28年 6 月	原子力規制庁長官官房人事課長
令和元年 7 月	原子力規制庁原子力規制部原子力規制企画課長
令和 3 年 7 月	原子力規制庁長官官房審議官

趣味　ウォーキング，読書
学生時代の所属部　九大マンドリンクラブ

原子力規制庁

原子力規制庁長官官房総務課長

黒　川　陽一郎（くろかわ　よういちろう）
昭和48年2月8日生．三重県出身．A型
私立高田高校，東京大学法学部

平成7年4月	環境庁入庁
平成14年7月	環境省環境管理局水環境部土壌環境課長補佐
平成15年4月	内閣官房副長官補室参事官補佐
平成17年9月	環境省地球環境局地球温暖化対策課長補佐
平成18年9月	環境省自然環境局総務課長補佐
平成20年3月	内閣官房副長官補室参事官補佐
平成21年7月	環境省総合環境政策局環境計画課長補佐
平成22年7月	滋賀県琵琶湖環境部自然環境保全課長
平成24年7月	環境省大臣官房政策評価広報課長補佐
平成25年7月	環境省総合環境政策局環境保健部企画課長補佐
平成26年7月	経済産業省四国経済産業局総務企画部長
平成29年7月	環境省環境再生・資源循環局放射性物質汚染廃棄物対策室長
令和元年9月	原子力規制庁長官官房総務課法務調査室長
令和2年7月	原子力規制庁長官官房政策立案参事官
令和3年8月	原子力規制庁長官官房総務課長

趣味　マラソン，自転車，クイズ，囲碁

原子力規制庁長官官房総務課企画官

谷 貝 雄 三 (やがい　ゆうぞう)

昭和54年12月30日生．茨城県出身．O型
県立下妻第一高等学校，東京大学法学部，
チュレーン大学ロースクール、ジョージ・ワシントン大学ロースクール

平成14年4月	環境省入省
平成22年7月	環境省環境保健部企画課課長補佐
平成24年8月	環境省総合環境政策局環境計画課課長補佐
平成25年9月	環境省大臣官房秘書課秘書事務取扱
平成26年9月	環境省大臣官房廃棄物・リサイクル対策部循環型社会推進室（併）リサイクル推進室室長補佐
平成28年7月	北九州市環境局環境監視部長（併）企画調整局地方創生推進担当課長
平成30年7月	環境省大臣官房総務課環境情報室長（併）危機管理室長
令和3年7月	環境省自然環境局自然環境計画課生物多様性主流化室長
令和4年7月	原子力規制庁長官官房総務課企画官

原子力規制庁

資格　NY Bar合格
趣味　ランニング

原子力規制庁長官官房総務課地域原子力規制総括調整官（青森担当）
Regional Administrator for Aomori Area

服　部　弘　美 （はっとり　ひろみ）

令和4年4月　原子力規制庁長官官房総務課地域原子力規制総括調整官
　　　　　　　（青森担当）

原子力規制庁長官官房総務課地域原子力規制総括調整官（福島担当）
Regional Administrator for Fukushima Area

南　山　力　生 （みなみやま　りきお）

原子力規制庁長官官房総務課地域原子力規制総括調整官（福井担当）
Regional Administrator for Fukui Area

西 村 正 美 (にしむら　まさみ)

昭和32年2月12日生．富山県出身．O型
富山県立新湊高校，富山大学工学部工業化学科

昭和55年4月	通商産業省入省（生活産業局総務課）
昭和57年4月	生活産業局紙業課（紙業印刷業課を含む）
昭和61年4月	生活産業局繊維製品課
平成元年5月	工業技術院標準部繊維化学規格課
平成3年8月	環境立地局保安課
平成6年6月	海外経済協力基金
平成9年7月	基礎産業局総務課化学物質管理促進室（化学物質管理課を含む）
平成12年7月	製品評価技術センター（独立行政法人製品評価技術基盤機構を含む）バイオテクノロジーセンター計画課
平成14年6月	経済産業省産業技術環境局知的基盤課
平成17年6月	経済産業省原子力安全・保安院保安課
平成18年8月	経済産業省製造産業局化学物質管理課化学物質管理企画官
平成21年7月	経済産業省製造産業局伝統的工芸品産業室長
平成22年7月	経済産業省原子力安全・保安院統括安全審査官
平成24年9月	原子力規制庁安全規制調整官
平成26年3月	原子力安全人材育成センター人材育成・研修企画課長
平成27年	原子力規制庁原子力規制部安全管理調査官
	原子力規制庁原子力規制部原子力規制企画課企画官
	原子力規制庁長官官房総務課地域原子力規制総括調整官（福井担当）

主要論文　『バイオサイエンスとインダストリー』Vol.61 No 8 （03）：「バイオ分野での戦略的な計量標準の整備について」
趣味　アクアリウム，スキー
好きな言葉　前向き
尊敬する人　織田信長

原子力規制庁長官官房総務課監査・業務改善推進室長

野　村　優　子 (のむら　ゆうこ)

平成30年7月	原子力安全人材育成センター国際研修課長
令和元年7月	原子力安全人材育成センター総合研修課長（兼）規制研修課長
令和3年7月	原子力規制庁長官官房総務課監査・業務改善推進室長

原子力規制庁長官官房総務課広報室長

村　田　真　一（むらた　しんいち）

平成25年7月	原子力規制庁原子力規制部安全規制管理官（BWR担当）付
平成27年9月	原子力規制庁原子力規制部原子力規制企画課
平成28年2月	原子力規制庁長官官房原子力災害対策・核物質防護課原子力事業者防災・訓練推進官
平成29年7月	原子力規制庁長官官房総務課事故対処室長／緊急事案対策室副室長
令和2年8月	原子力規制庁長官官房総務課広報室長

原子力規制庁長官官房総務課国際室長

一　井　直　人 （いちい　なおと）

令和元年 7 月　原子力規制庁長官官房総務課国際室長

原子力規制庁

原子力規制庁長官官房総務課事故対処室長
Head, Accidents Response Office

山 口 道 夫 (やまぐち みちお)

平成29年7月	原子力規制庁原子力規制部実用炉審査部門安全管理調査官(実用炉審査担当)
令和2年	原子力安全人材育成センター人材育成課長
令和4年8月	原子力規制庁長官官房総務課事故対処室長

原子力規制庁長官官房政策立案参事官
Director for Policy Planning

吉 野 亜 文 (よしの　あや)

　　　　　　環境省自然環境局総務課長補佐
令和2年8月　原子力規制庁長官官房総務課法令審査室長
令和4年7月　原子力規制庁長官官房政策立案参事官

原子力規制庁長官官房サイバーセキュリティ・情報化参事官（併）公文
書監理官
Director for Cybersecurity and Information Technology

足 立 敏 通（あだち　としみち）

平成26年3月	原子力規制庁長官官房総務課情報システム管理官
令和元年4月	原子力安全人材育成センター副所長（併）原子炉技術研修課長
令和2年8月	原子力規制庁長官官房サイバーセキュリティ・情報化参事官（併）公文書監理官

原子力規制庁長官官房総務課法令審査室長

湯 本 淳 （ゆもと　じゅん）

平成14年4月　環境省入省
令和3年1月　原子力規制庁長官官房総務課企画官
令和4年7月　原子力規制庁長官官房総務課法令審査室長

原子力規制庁長官官房総務課法令審査室企画調整官

西　崎　崇　徳 （にしざき　たかのり）

令和2年7月　原子力規制庁原子力規制部原子力規制企画課企画調査官
令和3年7月　原子力規制庁長官官房総務課法令審査室企画調整官

原子力規制庁長官官房人事課長

田　口　達　也 (たぐち　たつや)

昭和49年7月17日生. 岡山県出身.
岡山県立倉敷天城高校, 大阪大学工学部土木工学科,
大阪大学大学院工学研究科土木工学専攻

平成11年4月　通商産業省入省
平成29年7月　原子力規制庁原子力規制部原子力規制企画課企画官（規
　　　　　　　制制度担当）
令和元年1月　原子力規制庁原子力規制部安全規制管理官（実用炉審査
　　　　　　　担当）
令和4年7月　原子力規制庁長官官房人事課長

原子力規制庁長官官房人事課企画官（服務・人事制度・厚生企画担当）

折 橋 正 敬（おりはし　まさたか）

平成19年6月	経済産業省通商政策局通商政策課長補佐（ＪＥＴＲＯ担当）
平成21年7月	経済産業省大臣官房会計課長補佐（支出担当）
平成22年7月	経済産業省大臣官房会計課政府調達専門官
平成23年6月	経済産業省大臣官房会計課長補佐（予算・決算担当）
平成25年5月	経済産業省地域経済産業グループ業務管理官室長
平成27年7月	原子力規制庁長官官房参事官（会計担当）付経理統括専門官
平成28年6月	原子力規制庁長官官房会計部門経理調査官
令和元年7月	経済産業省商務情報政策局業務管理官室長
令和4年4月	原子力規制庁長官官房人事課企画官（服務・人事制度・厚生企画担当）

原子力規制庁長官官房人事課企画官（採用・任用・人材育成担当）
Planning Officer, Personnel Division, Secretary-General's
Secretariat, The Secretariat of the NRA

根 塚 崇 喜 （ねづか　たかよし）

昭和53年 1 月10日生.
名古屋大学大学院理学研究科修了

平成14年 4 月	文部科学省科学技術・学術政策局原子力安全課原子力規制室
平成15年 4 月	文部科学省研究振興局基礎基盤研究課
平成15年10月	文部科学省研究振興局基礎基盤研究課材料開発推進室
平成17年 9 月	文部科学省科学技術・学術政策局原子力安全課保障措置室
平成18年 7 月	文部科学省科学技術・学術政策局原子力安全課保障措置室保障措置第一係長
平成25年 4 月	原子力規制委員会原子力規制庁監視情報課解析係長
平成25年 9 月	OECD／NEA派遣
平成28年 9 月	原子力規制委員会原子力規制庁原子力規制部原子力規制課補佐
令和 4 年 7 月	原子力規制庁長官官房人事課企画官（採用・任用・人材育成担当）

原子力規制庁

原子力規制庁長官官房人事課企画調査官（地方事務所統括担当）

児 玉　　智 （こだま　さとし）

令和元年7月　原子力規制庁長官官房緊急事案対策室企画調整官
令和3年7月　原子力規制庁長官官房人事課企画調査官（地方事務所統
　　　　　　　括担当）

原子力規制庁長官官房参事官（会計担当）

河 原 雄 介 （かわはら　ゆうすけ）

昭和47年4月20日生．東京都出身．O型
私立武蔵高校，東京大学法学部

平成8年4月　　警察庁入庁
平成27年10月　警察庁刑事局刑事企画課刑事指導室長
平成29年8月　　法務省刑事局刑事法制企画官
令和元年9月　　警察庁刑事局組織犯罪対策部国際捜査管理官
令和3年7月　　原子力規制庁長官官房参事官（会計担当）

原子力規制庁

原子力規制庁長官官房会計部門経理調査官

島　田　　　肇（しまだ　はじめ）

昭和60年 4 月	通商産業省入省（大臣官房会計課）
平成 7 年 4 月	中小企業庁
平成11年 5 月	大臣官房会計課
平成21年 7 月	新エネルギー・産業技術総合開発機構
平成23年 7 月	経済産業省大臣官房会計課
平成27年 7 月	中小企業庁長官官房参事官補佐（会計担当）
平成30年 5 月	内閣府地方創生推進室参事官補佐
令和元年 6 月	経済産業省大臣官房会計課監査官
令和 3 年 7 月	原子力規制庁長官官房会計部門経理調査官

原子力規制庁長官官房会計部門経理統括専門官 併 上席会計監査官

小 池　　晃（こいけ　あきら）

昭和41年6月23日生．新潟県出身．AB型
新潟県立村上桜ケ丘高等学校，専修大学

昭和60年4月	通商産業省入省
平成23年7月	独立行政法人新エネルギー・産業技術総合開発機構経理部会計課課長代理
平成26年6月	経済産業省大臣官房会計課課長補佐
平成28年6月	経済産業省大臣官房会計課課長補佐（併）政府調達専門官
令和元年6月	内閣府地方創生推進事務局総括担当参事官補佐
令和3年5月	原子力規制庁長官官房会計部門経理統括専門官（併）上席会計監査官

原子力規制庁

原子力規制庁長官官房参事官（法務担当）

平　野　大　輔 （ひらの　だいすけ）

平成11年4月　検事任官（東京地検検事）
令和2年10月　東京地検刑事部副部長
令和3年10月　東京地検公判部副部長
令和4年4月　原子力規制庁長官官房参事官（法務担当）

原子力規制庁長官官房法務部門上席訟務調整官

栗　田　　旭 （くりた　あきら）

	名古屋地方検察庁岡崎支部検事
令和2年4月	千葉地方検察庁検事
令和3年7月	原子力規制庁長官官房法務部門上席訟務調整官

原子力規制庁長官官房法務部門上席訟務調整官

宮 本 佳 明 （みやもと　よしあき）

令和4年9月　原子力規制庁長官官房法務部門上席訟務調整官

原子力規制庁長官官房緊急事案対策室企画調整官

川　﨑　憲　二（かわさき　けんじ）

平成30年7月　原子力規制庁原子力規制部実用炉審査部門安全管理調査
　　　　　　　官（実用炉審査担当）
令和3年7月　原子力規制庁長官官房緊急事案対策室企画調整官

原子力規制庁

原子力規制庁長官官房委員会運営支援室長

髙　橋　　　隆（たかはし　たかし）
昭和43年 7 月18日生．栃木県出身．A型
栃木県立真岡高校，東洋大学

昭和62年 4 月	通商産業省入省（中小企業庁長官官房総務課）
平成17年 6 月	大臣官房秘書課副大臣付主任
平成23年 6 月	人吉市副市長
平成25年 7 月	経済産業政策局地域経済産業政策課補佐
平成27年 8 月	中小企業庁経営支援部技術・経営革新課長補佐
平成29年 6 月	中小企業庁事業環境部財務課長補佐
令和元年 5 月	内閣府原子力被災者生活支援チーム企画官
令和 2 年 6 月	大臣官房情報システム厚生課厚生審査官
令和 3 年 4 月	大臣官房会計課厚生審査官
令和 4 年 4 月	原子力規制庁長官官房委員会運営支援室長

原子力規制庁長官官房技術基盤課長

遠 山 　眞 （とおやま　まこと）

昭和29年 3 月29日生．東京都出身．
東京大学工学部,
東京大学大学院（工修）

令和元年 7 年　原子力規制庁長官官房技術基盤課長

原子力規制庁長官官房企画官

青　野　健二郎 (あおの　けんじろう)
昭和45年7月9日生．静岡県出身．
静岡県立磐田南高等学校，東北大学工学部

令和4年4月　原子力規制庁長官官房企画官

原子力規制庁長官官房安全技術管理官（システム安全担当）

田　口　清　貴 (たぐち　きよたか)

| 平成26年 3 月 | 原子力規制庁長官官房首席技術研究調査官（核燃料・材料担当） |
| 令和 2 年 7 月 | 原子力規制庁長官官房安全技術管理官（システム安全担当） |

原子力規制庁

原子力規制庁長官官房安全技術管理官（シビアアクシデント担当）
Director, Division for Severe Accident Research, Secretariat of the
Nuclear Regulation Authority

舟 山 京 子（ふなやま　きょうこ）
筑波大学大学院システム情報工学研究科構造エネルギー工学専攻（博士
後期課程）

平成26年3月　原子力規制庁長官官房首席技術研究調査官（環境影響評
　　　　　　　価担当）
平成30年7月　原子力規制庁長官官房安全技術管理官（シビアアクシデ
　　　　　　　ント担当）

原子力規制庁長官官房安全技術管理官（放射線・廃棄物担当）

萩　沼　真　之（はぎぬま　まさし）

令和元年 7 月　原子力規制庁長官官房企画官
令和 4 年 7 月　原子力規制庁長官官房安全技術管理官（放射線・廃棄物
　　　　　　　担当）

原子力規制庁長官官房首席技術研究調査官（廃棄物処分・廃棄・廃止措置担当）
Secretariat of Nuclear Regulation Authority, Principal Researcher

山 田 憲 和 (やまだ　のりかず)

平成26年3月　原子力規制庁長官官房首席技術研究調査官（廃棄物処分・廃棄・廃止措置担当）

原子力規制庁長官官房安全技術管理官（地震・津波担当）

川 内 英 史 (かわうち　ひでふみ)

平成26年3月　原子力規制庁長官官房首席技術研究調査官（建築・機
　　　　　　　器・経年・構造担当）
令和2年7月　原子力規制庁長官官房安全技術管理官（地震・津波担当）

原
子
力
規
制
庁

原子力規制庁長官官房放射線防護企画課長

新 田 晃（にった あきら）

昭和43年5月11日生．石川県出身．
国立金沢大学教育学部附属高校，東北大学工学部土木工学科

平成22年10月	環境省地球環境局国際連携課国際協力室長
平成24年4月	環境省地球環境局国際連携課国際地球温暖化対策室長（併）国際協力室長
平成24年9月	国際協力室長の併任解除
平成26年4月	岐阜県環境生活部次長
平成28年7月	環境省総合環境政策局環境保健部環境保健企画管理課化学物質審査室長
平成29年7月	環境省大臣官房環境保健部環境保健企画管理課化学物質審査室長
平成30年7月	環境省環境再生・資源循環局環境再生事業担当参事官
令和2年7月	環境省水・大気環境局土壌環境課長（併）地下水・地盤環境室長
令和3年7月	原子力規制庁長官官房放射線防護企画課長

原子力規制庁長官官房放射線防護企画課企画官（被ばく医療担当）

吉　住　奈緒子 （よしずみ　なおこ）

昭和54年1月13日生．兵庫県出身．
大阪大学医学部

平成18年4月	厚生労働省入省
令和2年8月	環境省大臣官房環境保健部環境保健企画管理課石綿健康被害対策室長
令和4年7月	原子力規制庁長官官房放射線防護企画課企画官（被ばく医療担当）

原子力規制庁長官官房放射線防護企画課企画官（企画調査担当）

辰 巳 秀 爾 (たつみ　しゅうじ)

令和3年7月　原子力規制庁長官官房放射線防護企画課企画官（被ばく
　　　　　　医療担当）
令和4年7月　原子力規制庁長官官房放射線防護企画課企画官（企画調
　　　　　　査担当）

原子力規制庁長官官房放射線防護企画課企画調査官（制度・国際・地域担当）

重　山　　優（しげやま　まさる）

令和2年　　原子力規制庁長官官房放射線防護企画課企画調査官（制度・国際・地域担当）

原子力規制庁長官官房放射線防護企画課企画調
査官（制度・国際・地域担当）

加 藤 隆 行（かとう　たかゆき）

昭和52年3月13日生．千葉県出身．AB型
私立志学館高校，
慶應義塾大学大学院理工学研究科数理科学専攻

平成13年4月	文部科学省科学技術・学術政策局政策課
平成14年4月	研究開発局宇宙政策課
平成15年4月	生涯学習政策局生涯学習推進課
平成17年7月	人事院長期在外研究員（Case Western Reserve University）
平成19年10月	研究振興局基礎基盤研究課量子放射線研究推進室長補佐
平成21年1月	日本学術振興会国際事業部研究協力第二課長
平成23年10月	科学技術・学術政策局原子力安全課専門官
平成24年9月	内閣府科学技術・イノベーション担当参事官補佐
平成26年7月	東京工業大学国際部長
平成28年7月	神戸市医療産業都市部科学技術担当部長
平成30年7月	防災科学技術研究所国家レジリエンス研究推進センター副センター長
令和2年4月	内閣官房健康・医療戦略室企画官
令和4年8月	原子力規制庁長官官房放射線防護企画課企画調査官（制度・国際・地域担当）

原子力規制庁長官官房放射線防護企画課保障措置室長

寺 崎 智 宏 （てらさき　ともひろ）

昭和53年1月1日生.
京都大学大学院生命科学研究科中退

平成14年4月	文部科学省研究振興局振興企画課
平成15年3月	科学技術・学術政策局政策課
平成16年4月	初等中等教育局参事官付
平成17年4月	初等中等教育局参事官企画係長
平成18年6月	大臣官房人事課計画調整班専門職長期在外研究員（ハーバード大学、コロンビア大学）
平成20年6月	科学技術・学術政策局原子力安全課保障措置室専門職
平成21年7月	科学技術・学術政策局原子力安全課保障措置室補佐
平成22年4月	研究開発局開発企画課核不拡散・保障措置室補佐
平成22年7月	研究振興局研究環境・産業連携課補佐
平成23年4月	科学技術・学術政策局産業連携・地域支援課課長補佐
平成25年7月	株式会社産業革新機構戦略投資グループ参事
平成28年1月	文部科学省科学技術・学術政策局産業連携・地域支援課地域支援企画官
平成29年8月	国際原子力機関保障措置局概念・計画部上席保障措置訓練専門官
令和2年8月	原子力規制庁長官官房放射線防護企画課保障措置室長

原子力規制庁

原子力規制庁長官官房監視情報課長

今 井 俊 博 (いまい　としひろ)

平成27年	原子力規制庁原子力事業者防災・訓練推進官
平成28年	原子力規制庁原子力規制部東京電力福島第一原子力発電所事故対策室長
令和元年	原子力規制庁長官官房サイバーセキュリティ・情報化参事官（併）公文書監理官（併）総務課情報システム室長
令和4年7月	原子力規制庁長官官房監視情報課長

原子力規制庁長官官房監視情報課企画官 （制度・技術・国際担当）

佐々木　　潤（ささき　じゅん）

平成30年7月　原子力規制庁長官官房監視情報課放射線環境対策室環境
　　　　　　　放射能対策官
令和3年7月　原子力規制庁長官官房監視情報課企画官（制度・技術・
　　　　　　　国際担当）

原子力規制庁長官官房監視情報課放射線環境対策室長

竹　本　　　亮（たけもと　あきら）

京都府出身．
大阪大学工学部，
大阪大学大学院工学研究科

平成 9 年 4 月	通商産業省入省
平成24年 9 月	原子力規制庁長官官房総務課課長補佐
平成26年10月	原子力規制庁長官官房人事課課長補佐
平成27年 8 月	原子力規制庁長官官房総務課法務室長
平成28年 7 月	原子力安全人材育成センター人材育成・研修企画課長
平成29年 4 月	原子力安全人材育成センター人材育成課長
令和 2 年 7 月	原子力規制庁原子力規制部検査監督総括課企画調整官
令和 3 年 7 月	原子力規制庁長官官房監視情報課放射線環境対策室長

原子力規制庁長官官房安全規制管理官（核セキュリティ担当）

中　村　振一郎（なかむら　しんいちろう）

令和3年3月　原子力規制庁長官官房安全規制管理官（核セキュリティ
　　　　　　　担当）

原子力規制庁

原子力規制庁長官官房安全規制管理官（放射線規制担当）

吉 川 元 浩 （よしかわ　もとひろ）
昭和42年3月19日生．大阪府出身．AB型

平成23年9月	原子力規制庁
平成28年7月	原子力規制庁核セキュリティ・核物質防護室室長補佐（総括担当）
平成30年4月	原子力規制庁長官官房放射線防護グループ核セキュリティ部門核物質防護指導官
令和2年4月	原子力規制庁長官官房放射線防護グループ核セキュリティ部門国際核セキュリティ専門官
令和2年10月	原子力規制庁長官官房放射線防護グループ核セキュリティ部門安全規制管理官（核セキュリティ部門）事務代理
令和4年4月	原子力規制庁長官官房安全規制管理官（放射線規制担当）

原子力規制庁長官官房放射線規制部門安全管理調査官（放射線セキュリティ担当、制度担当）

青　山　勝　信 （あおやま　かつのぶ）

平成29年7月	原子力規制庁原子力規制部核燃料施設審査部門安全管理調査官（貯蔵・輸送担当）
令和3年7月	原子力規制庁原子力規制部核燃料施設等監視部門上席監視指導官
令和4年7月	原子力規制庁長官官房放射線規制部門安全管理調査官（放射線セキュリティ担当、制度担当）

原子力規制庁

原子力規制庁長官官房放射線規制部門安全管理調査官（放射線安全担当）

宮 脇　　豊 (みやわき　ゆたか)

平成27年	原子力規制庁原子力規制部安全管理調査官
平成29年7月	原子力規制庁原子力規制部研究炉等審査部門安全管理調査官（新型炉担当）
平成30年7月	原子力規制庁原子力規制部核燃料施設審査部門安全管理調査官（再処理担当）
令和元年7月	原子力規制庁長官官房放射線規制部門安全管理調査官（放射線安全担当）

原子力規制庁原子力規制部長
Director-General, Nuclear Regulation Department

大 島 俊 之 （おおしま　としゆき）

北海道出身.
北海道大学工学部,
北海道大学大学院工学研究科

平成 5 年 4 月	科学技術庁科学技術政策局
平成19年 3 月	文部科学省研究開発局海洋地球課
平成19年 3 月	米国科学財団勤務
平成21年 7 月	経済産業省原子力安全・保安院統括安全審査官
令和 2 年 7 月	原子力規制庁原子力規制部安全規制管理官（研究炉等審査担当）
令和 3 年 7 月	原子力規制庁原子力規制部原子力規制企画課長
令和 4 年 7 月	原子力規制庁原子力規制部長

原子力規制庁原子力規制部原子力規制企画課長

金 城 慎 司（きんじょう　しんじ）

沖縄県出身.
東京大学工学部，（英）Warwick大学経済学部（修士）

平成21年5月	経済産業省経済産業政策局調査統計部総合調整室
平成22年7月	独立行政法人新エネルギー・産業技術総合開発機構総務企画部企画業務課長
平成23年3月	経済産業省原子力安全・保安院付
平成23年4月	経済産業省内閣府原子力被災者生活支援チーム事務局（兼）原子力安全・保安院付
平成24年7月	経済産業省原子力安全・保安院東京電力福島第一原子力発電所事故対策室長
平成24年9月	原子力規制庁東京電力福島第一原子力発電所事故対策室長
平成28年2月	原子力規制庁長官官房総務課広報室長
平成29年7月	原子力規制庁原子力規制部安全規制管理官（核燃料施設等監視担当）
令和元年7月	原子力規制庁長官官房人事課長
令和4年7月	原子力規制庁原子力規制部原子力規制企画課長

原子力規制庁原子力規制部原子力規制企画課企画調査官

藤　森　昭　裕（ふじもり　あきひろ）

昭和46年1月28日生.
東京都立両国高等学校,
日本大学大学院生産工学研究科修了

平成 7 年 4 月	科学技術庁研究開発局宇宙開発課
平成 9 年 4 月	科学技術庁原子力安全局原子力安全課放射性廃棄物規制室
平成11年 7 月	科学技術振興局研究振興課理研係長
平成13年 1 月	文部科学省研究振興局基礎基盤研究課総合研究係長
平成14年 3 月	文部科学省科学技術・学術政策局原子力安全課原子力規制室専門職
平成15年 4 月	文部科学省科学技術・学術政策局原子力安全課放射線規制室総括係長（命）放射線検査官
平成17年 4 月	経済産業省原子力安全・保安院原子力発電安全審査課審査班審査係長
平成19年 1 月	文部科学省科学技術・学術政策局原子力安全課原子力規制室原子力施設検査官
平成20年 7 月	外務省在シアトル日本国総領事館
平成23年 8 月	文部科学省科学技術・学術政策局原子力安全課専門官
平成24年 9 月	文部科学省科学技術・学術政策局放射線対策課専門官
平成25年 4 月	文部科学省科学技術・学術政策局政策課専門官
平成25年 7 月	文部科学省科学技術・学術政策局産業連携・地域支援課課長補佐
平成25年11月	文部科学省大臣官房人事課専門官
平成28年 7 月	文部科学省研究開発局宇宙開発利用課宇宙開発連携協力推進官
令和元年 7 月	原子力規制庁原子力規制部実用炉審査部門安全管理調査官（実用炉審査担当）
令和 3 年 7 月	原子力規制庁原子力規制部研究炉等審査部門安全管理調査官（試験炉担当）
令和 4 年 7 月	原子力規制庁原子力規制部原子力規制企画課企画調査官

原子力規制庁

原子力規制庁原子力規制部原子力規制企画課火災対策室長

齋 藤 健 一 （さいとう　けんいち）

昭和51年 3 月22日生． 東京都出身．
私立巣鴨高校，筑波大学第一学群自然学類地球科学研究科，
筑波大学大学院博士一貫課程地球科学研究科中退

平成15年12月	総務省消防庁入庁
令和 3 年 4 月	総務省消防庁消防大学校調査研究部長　併任　教務部長　併任　教授
令和 4 年 4 月	原子力規制庁原子力規制部原子力規制企画課火災対策室長

原子力規制庁原子力規制部東京電力福島第一原子力発電所事故対策室長
Director, Office for accident measures of Fukushima‐daiichi Nuclear
power station, Secretariat of Nuclear Regulation Authority

竹　内　　淳 （たけうち　じゅん）

平成28年	原子力規制庁長官官房総務課企画調査官（地方事務所統括担当）
平成30年7月	原子力規制庁原子力規制部上席監視指導官
令和元年7月	原子力規制庁原子力規制部東京電力福島第一原子力発電所事故対策室長

原子力規制庁

原子力規制庁原子力規制部東京電力福島第一原子力発電所事故対策室企画調査官

澁 谷 朝 紀（しぶたに　ともき）

平成26年4月	原子力規制庁原子力規制部安全規制調整官
平成29年7月	原子力規制庁原子力規制部核燃料施設審査部門安全規制調整官（埋設・廃棄物担当）
令和元年7月	原子力規制庁原子力規制部原子力規制企画課企画官（規制制度担当）
令和2年10月	原子力規制庁原子力規制部東京電力福島第一原子力発電所事故対策室企画調査官

原子力規制庁原子力規制部安全規制管理官（実用炉審査担当）

渡 邉 桂 一 （わたなべ　けいいち）

長崎県出身．
ラ・サール高校，東京大学工学部化学生命工学科

平成11年4月	通商産業省入省
平成27年7月	国際原子力機関（ＩＡＥＡ）上席原子力安全専門家
平成30年10月	原子力規制庁原子力規制部実用炉審査部門安全規制調整官（審査担当）
令和3年8月	原子力規制庁長官官房政策立案参事官
令和4年7月	原子力規制庁原子力規制部安全規制管理官（実用炉審査担当）

原子力規制庁原子力規制部実用炉審査部門安全規制調整官（実用炉審査
担当）

戸ヶ崎　　康（とがさき　こう）

昭和43年7月9日生.
東海大学工学部航空宇宙学科

平成4年4月	科学技術庁原子力局調査国際協力課
平成6年4月	科学技術庁原子力安全局核燃料規制課核燃料物質輸送対策室
平成7年11月	科学技術庁原子力安全局核燃料規制課
平成8年7月	科学技術庁原子力安全局核燃料規制課規制第一係長
平成10年4月	科学技術庁原子力安全局原子炉規制課審査係長
平成12年7月	資源エネルギー庁公益事業部原子力発電安全企画審査課安全審査官
平成13年1月	原子力安全・保安院原子力安全審査課安全審査官
平成14年4月	文部科学省科学技術・学術政策局原子力安全課査察官
平成14年9月	国際原子力機関（オーストリア国ウィーンに派遣（18年3月まで））
平成18年4月	文部科学省科学技術・学術政策局原子力安全課原子力規制室原子力施設検査官
平成19年1月	文部科学省科学技術・学術政策局原子力安全課原子力規制室室長補佐
平成21年4月	放射線医学総合研究所基盤技術センター安全・施設部放射線安全課長
平成22年9月	文部科学省大臣官房人事課専門官
平成25年11月	原子力規制庁総務課課長補佐（採用担当）
平成26年3月	原子力規制庁原子力規制部原子力規制企画課課長補佐（総括担当）
平成27年9月	原子力規制庁長官官房企画官
令和元年7月	原子力規制庁原子力規制部研究炉等審査部門安全規制調整官（試験炉担当）
令和3年7月	原子力規制庁原子力規制部実用炉審査部門安全規制調整官（実用炉審査担当）

資格　第一種放射線取扱主任者免状取得

原子力規制庁原子力規制部実用炉審査部門安全規制調整官（実用炉審査担当）

齋　藤　哲　也（さいとう　てつや）

令和元年　　　原子力規制庁長官官房法規部門企画調整官
令和２年　　　原子力規制庁長官官房総務課法令審査室企画調整官
令和４年７月　原子力規制庁原子力規制部実用炉審査部門安全規制調整
　　　　　　　官（実用炉審査担当）

原子力規制庁

原子力規制庁原子力規制部実用炉審査部門安全規制調整官（実用炉審査担当）

岩　澤　　大（いわさわ　まさる）

令和4年7月　原子力規制庁原子力規制部実用炉審査部門安全規制調整官（実用炉審査担当）

原子力規制庁原子力規制部実用炉審査部門安全管理調査官（審査担当）

天　野　直　樹（あまの　なおき）

平成30年　　　原子力規制庁原子力規制部実用炉審査部門安全管理調査
官（審査担当）

原子力規制庁原子力規制部実用炉審査部門安全管理調査官（実用炉審査
担当）

止　野　友　博 (しの　ともひろ)

平成24年9月　原子力規制庁原子力規制部安全規制管理官（ＢＷＲ担当）
　　　　　　　付原子力保安検査官（東海・大洗担当）
平成26年4月　原子力規制庁放射線防護対策部原子力防災政策課事故対
　　　　　　　処室事故対処専門官
平成27年3月　原子力規制庁原子力規制部安全規制管理官（ＢＷＲ担当）
　　　　　　　付管理官補佐
令和4年7月　原子力規制庁原子力規制部実用炉審査部門安全管理調査
　　　　　　　官（実用炉審査担当）

原子力規制庁原子力規制部実用炉審査部門企画調査官
Counsellor, Division of Licensing of Nuclear Power Plants

奥　　博　貴（おく　ひろたか）

昭和53年10月6日生.　岡山県出身.
滋賀県立膳所高等学校,
同志社大学大学院工学研究科工業化学専攻

平成15年4月	文部科学省研究開発局原子力課
平成17年1月	科学技術・学術政策局調査調整課
平成18年4月	環境省水・大気環境局総務課環境管理技術室
平成19年7月	文部科学省高等教育局大学振興課大学改革推進室大学院係長
平成21年4月	内閣府原子力安全委員会事務局管理環境課補佐
平成23年4月	文部科学省科学技術・学術政策局国際交流官付補佐
平成25年1月	科学技術・学術政策局産業連携・地域支援課補佐
平成25年7月	大臣官房総務課広報室専門官
平成27年7月	原子力規制庁長官官房放射線防護グループ放射線対策・保障措置課課長補佐
平成29年7月	原子力規制庁長官官房放射線防護グループ放射線規制部門管理官補佐
平成30年5月	原子力規制庁長官官房放射線防護グループ核セキュリティ部門管理官補佐
令和2年8月	原子力規制庁長官官房人事課企画調査官
令和3年1月	原子力規制庁長官官房人事課企画官
令和4年7月	原子力規制庁原子力規制部実用炉審査部門企画調査官

原子力規制庁

原子力規制庁原子力規制部安全規制管理官（研究炉等審査担当）

志 間 正 和（しま　まさかず）

昭和44年12月27日生．東京都出身．
神奈川県立秦野高校，京都大学工学研究科環境地球工学専攻

平成25年8月	原子力規制庁原子力防災課事故対処室長
平成26年5月	原子力規制庁ＩＲＲＳ室企画官
平成28年4月	原子力規制庁原子力規制部安全規制調整官
平成29年7月	原子力規制庁原子力規制部検査監督総括課企画調査官
平成30年7月	原子力規制庁原子力規制部統括監視指導官
令和2年3月	原子力規制庁原子力規制部核燃料施設審査部門付
令和3年7月	原子力規制庁原子力規制部安全規制管理官（研究炉等審査担当）

原子力規制庁原子力規制部研究炉等審査部門安全規制調整官

金 子 真 幸 (かねこ　まさゆき)

令和2年7月　原子力規制庁長官官房総務課事故対処室長
令和4年8月　原子力規制庁原子力規制部研究炉等審査部門安全規制調
　　　　　　 整官

原子力規制庁原子力規制部研究炉等審査部門安全管理調査官（研開炉担当）

細 野 行 夫 (ほその　ゆきお)

令和3年7月　原子力規制庁原子力規制部研究炉等審査部門安全管理調
査官（研開炉担当）

原子力規制庁原子力規制部研究炉等審査部門安全管理調査官

荒　川　一　郎 （あらかわ　いちろう）

令和4年7月　原子力規制庁原子力規制部研究炉等審査部門安全管理調
　　　　　　　査官

原子力規制庁

原子力規制庁原子力規制部安全規制管理官 (核燃料施設審査担当)

長谷川　清　光 (はせがわ　きよみつ)

原子力規制庁原子力規制部核燃料施設審査部門安全管理調査官（貯蔵・
輸送担当）

小　澤　隆　寛 （おざわ　たかひろ）

令和2年7月　原子力規制庁原子力規制部核燃料施設審査部門安全管理
　　　　　　　調査官（貯蔵・輸送担当）

原子力規制庁原子力規制部核燃料施設審査部門企画調査官

松 本 　尚（まつもと　ひさし）

昭和44年6月2日生. 岩手県出身.
岩手県立水沢高等学校，筑波大学第三学群基盤工学類，
筑波大学大学院博士課程工学研究科

平成10年4月	通商産業省入省
平成23年7月	経済産業省原子力安全・保安院核燃料サイクル規制課原子力保安検査官
平成24年8月	経済産業省原子力安全・保安院原子力防災課長補佐
平成24年9月	原子力規制庁原子力防災課事故対処室室長補佐（事故故障三担当）
平成26年3月	原子力規制庁放射線防護対策部原子力防災政策課事故対処室室長補佐（事故故障三担当）
平成26年7月	原子力規制庁原子力規制部安全規制管理官（再処理・加工・使用担当）付原子力保安検査官（六ヶ所担当）
平成28年9月	原子力規制庁原子力規制部安全規制管理官（廃棄物・加工・使用担当）付統括原子力保安検査官（六ヶ所担当）
平成29年7月	原子力規制庁原子力規制部核燃料施設審査部門管理官補佐（再処理担当）
令和元年8月	原子力規制庁原子力規制部核燃料施設審査部門上席安全審査官
令和元年9月	原子力規制庁原子力規制部核燃料施設等監視部門主任監視指導官
令和2年1月	原子力規制庁原子力規制部核燃料施設等監視部門原子力運転検査官（六ヶ所担当）
令和2年8月	原子力規制庁原子力規制部核燃料施設等監視部門統括原子力運転検査官（六ヶ所担当）
令和4年10月	原子力規制庁原子力規制部核燃料施設審査部門企画調査官

原子力規制庁原子力規制部核燃料施設審査部門企画調査官

古 作 泰 雄 (こさく　やすお)

令和2年　　　原子力規制庁原子力規制部核燃料施設審査部門企画調査官
令和4年7月　原子力規制庁原子力規制部核燃料施設審査部門企画調査官

原子力規制庁

原子力規制庁原子力規制部安全規制管理官（地震・津波審査担当）
Nuclear Safety Regulation Coordinator

内　藤　浩　行（ないとう　ひろゆき）

平成27年　　　原子力規制庁原子力規制部安全管理調査官
平成29年7月　原子力規制庁原子力規制部地震・津波審査部門安全規制
　　　　　　　調整官（地震安全対策担当）
令和4年7月　原子力規制庁原子力規制部安全規制管理官（地震・津波
　　　　　　　審査担当）

原子力規制庁原子力規制部地震・津波審査部門安全規制調整官（地震安全対策担当）

名 倉 繁 樹（なぐら しげき）

	原子力規制庁原子力規制部安全管理調査官 を経て
平成29年7月	原子力規制庁原子力規制部地震・津波審査部門安全管理調査官（地震安全対策担当）
令和3年7月	原子力規制庁原子力規制部地震・津波審査部門安全規制調整官（地震安全対策担当）

原子力規制庁原子力規制部地震・津波審査部門安全規制調整官（地震安全対策担当）

忠　内　厳　大（ただうち　いつお）

令和 2 年 4 月	原子力規制庁長官官房人事課企画調査官（地方事務所統括担当）
令和 3 年 7 月	原子力規制庁原子力規制部地震・津波審査部門安全管理調査官（地震安全対策担当）
令和 4 年 4 月	原子力規制庁原子力規制部地震・津波審査部門安全規制調整官（地震安全対策担当）

原子力規制庁原子力規制部地震・津波審査部門安全管理調査官（地震安全対策担当）

岩　田　順　一（いわた　じゅんいち）

昭和43年 4 月 1 日生．神奈川県出身．A型
東京電機大学

昭和63年 4 月	科学技術庁入庁
平成10年 7 月	科学技術庁核燃料規制課規制第二係長
平成15年10月	原子力安全委員会事務局規制調査課規制調査官
平成19年 4 月	原子力安全保安院新型炉規制室新型炉班長
平成24年 4 月	（独）放射線医学総合研究所放射線安全課課長
平成28年 8 月	原子力規制庁地震・津波審査部門総括補佐
平成30年 7 月	原子力規制庁原子力規制部実用炉審査部門安全管理調査官（審査担当）
令和 3 年 7 月	原子力規制庁原子力規制部地震・津波審査部門安全管理調査官（地震安全対策担当）

原子力規制庁原子力規制部検査監督総括課長

武　山　松　次（たけやま　しょうじ）

平成24年 7 月	経済産業省原子力安全・保安院統括安全審査官
平成24年 9 月	原子力規制庁安全規制管理官（廃棄物・輸送・貯蔵担当）付企画調査官
平成26年 5 月	原子力規制庁事故対処室長
平成27年 5 月	原子力規制庁総務課企画調査官
平成27年 9 月	原子力規制庁人事課企画官
平成28年 4 月	原子力規制庁原子力規制部安全規制調整官
平成29年 4 月	原子力規制庁長官官房監視情報課長
令和元年 7 月	原子力規制庁原子力規制部安全規制管理官（実用炉監視担当）
令和 4 年 7 月	原子力規制庁原子力規制部検査監督総括課長

原子力規制庁原子力規制部検査監督総括課検査評価室長
Director, Risk Assessment Office, Oversight Planning and
Coordination Division, Nuclear Regulation Authority

清 丸 勝 正 (せいまる　かつまさ)

昭和47年4月12日生．石川県出身．
石川県立小松高等学校，京都大学理学部，
京都大学大学院理学研究科（修士），スタンフォード大学工学部（修士）

平成13年4月　環境省入省
令和元年5月　環境省水・大気環境局大気環境課課長補佐
令和2年8月　環境省水・大気環境局総務課課長補佐（併任：自動車環
　　　　　　　境対策課課長補佐）
令和3年10月　原子力規制庁原子力規制部検査監督総括課検査評価室長

原子力規制庁

原子力規制庁原子力規制部検査監督総括課検査評価室上席検査監視官

米　林　賢　二（よねばやし　けんじ）

令和 3 年 7 月　原子力規制庁原子力規制部実用炉監視部門上席監視指導官
令和 4 年 7 月　原子力規制庁原子力規制部検査監督総括課検査評価室上
　　　　　　　席検査監視官

原子力規制庁原子力規制部安全規制管理官（実用炉監視担当）

杉 本 孝 信（すぎもと　たかのぶ）

山口県出身.
山口県立宇部高校，京都大学工学部数理工学科，
京都大学大学院工学研究科数理工学専攻

平成 5 年 4 月	通産省入省（工業技術院総務課）
平成 6 年 6 月	資源エネルギー庁原子力発電訟務室
平成 8 年 5 月	科学技術庁原子力局原子力調査室
平成10年 6 月	資源エネルギー庁総務課
平成10年10月	資源エネルギー庁原子力産業課
平成11年 6 月	機械情報産業局産業機械課国際プラント推進室
平成13年 4 月	産業技術環境局環境政策課環境指導室
平成14年 4 月	青森県商工観光労働部工業振興課長
平成16年 6 月	原子力安全・保安院電力安全課
平成18年 6 月	在チリ日本国大使館一等書記官
平成21年 7 月	資源エネルギー庁電力・ガス事業部原子力発電立地対策・広報室長
平成24年 4 月	資源エネルギー庁電力・ガス事業部付（併）復興庁福島復興局付
平成24年 9 月	資源エネルギー庁電力・ガス事業部原子力政策課企画官（原子力政策担当）
平成26年 7 月	中小企業基盤整備機構経営支援部審議役
平成26年10月	内閣府政策統括官（原子力防災担当）付参事官（地域防災・訓練担当）
平成28年 6 月	新潟県総務管理部長
平成30年 4 月	原子力規制委員会原子力規制庁長官官房政策立案参事官
令和元年 7 月	原子力規制庁原子力規制部安全規制管理官（専門検査担当）
令和 4 年 7 月	原子力規制庁原子力規制部安全規制管理官（実用炉監視担当）

原子力規制庁

趣味　剣道，スキー

原子力規制庁原子力規制部実用炉監視部門上席監視指導官

水　野　　大（みずの　つよし）

令和 3 年 7 月　原子力規制庁原子力規制部実用炉監視部門上席監視指導官

原子力規制庁原子力規制部実用炉監視部門上席監視指導官

菊 川 明 広 （きくかわ　あきひろ）
大阪府出身.

平成18年1月	文部科学省科学技術・学術政策局原子力安全課原子力規制室
平成19年4月	内閣府原子力安全委員会事務局審査指針課安全調査官
平成22年11月	文部科学省科学技術・学術政策局原子力安全課原子力規制室核物質防護検査官
平成24年9月	原子力規制庁安全規制管理官（廃棄物・貯蔵・輸送担当）管理官補佐
平成26年4月	原子力規制庁安全規制管理官（ＰＷＲ担当）原子力保安検査官
平成29年7月	原子力規制庁原子力規制部検査グループ実用炉監視部門主任監視指導官
平成31年1月	原子力規制庁玄海原子力規制事務所長
令和4年4月	原子力規制庁原子力規制部検査グループ実用炉監視部門管理官補佐
令和4年7月	原子力規制庁原子力規制部検査グループ実用炉監視部門上席監視指導官

原子力規制庁原子力規制部安全規制管理官（核燃料施設等監視担当）

大 向 繁 勝（おおむかい　しげかつ）

昭和39年1月11日生.
中央大学理工学部工業化学科

平成 2 年 4 月	科学技術庁長官官房秘書課
平成 2 年 4 月	科学技術庁原子力局調査国際協力課調査統計室
平成 5 年 1 月	科学技術庁原子力安全局保障措置課
平成 6 年 5 月	放射線医学総合研究所管理部庶務課
平成 6 年 7 月	科学技術庁原子力安全局原子力安全課安全対策第一係長
平成 7 年 5 月	科学技術庁原子力安全局原子力安全課防災環境対策室総合評価係長
平成 8 年 4 月	水戸原子力事務所規制係長
平成10年 5 月	科学技術庁原子力安全局燃料規制課規則第一係長
平成12年 9 月	科学技術庁原子力安全局燃料規制課安全審査官
平成12年 9 月	国際原子力機関（オーストリア国ウィーン）に派遣（15・9まで）
平成13年 1 月	文部科学省科学技術・学術政策局原子力安全課査察官
平成16年10月	文部科学省科学技術・学術政策局原子力安全課原子力規制室補佐
平成17年12月	文部科学省科学技術・学術政策局原子力安全課原子力規制室核物質防護検査官
平成19年 1 月	文部科学省大臣官房人事課専門官
平成22年 9 月	経済産業省原子力安全・保安院核燃料サイクル規制課課長補佐
平成24年 4 月	原子力安全委員会事務局規制調査対策官
平成24年 9 月	原子力規制庁総務課企画官
平成26年 3 月	原子力規制庁長官官房人事課企画官
平成27年 9 月	原子力規制庁原子力規制部安全規制管理官（新型炉・試験研究炉・廃止措置担当）付安全規制調整官（試験研究炉担当）
平成29年 7 月	原子力規制庁原子力規制部研究炉等審査部門安全規制調整官（試験炉担当）
平成31年 1 月	原子力規制庁長官官房人事課企画官（採用・任用・人材育成担当）
令和 2 年10月	原子力安全人材育成センター副所長
令和 4 年 8 月	原子力規制庁原子力規制部安全規制管理官（核燃料施設等監視担当）

原子力規制庁原子力規制部核燃料施設等監視部門上席監視指導官

二　宮　浩　次 (にのみや　こうじ)

北海道出身.

平成29年7月　原子力規制庁原子力規制部核燃料施設等監視部門上席監
　　　　　　　視指導官

原子力規制庁原子力規制部核燃料施設等監視部門企画調査官

栗　﨑　　博 （くりさき　ひろし）

昭和43年11月1日生.
小山職業訓練大学校

平成元年4月	科学技術庁原子力安全局原子力安全課放射性廃棄物規制室
平成3年4月	科学技術庁原子力安全局原子炉規制課
平成3年8月	科学技術庁水戸原子力事務所
平成6年4月	科学技術庁原子力安全局原子炉規制課
平成9年1月	科学技術庁原子力安全局保障措置課
平成11年4月	科学技術庁原子力安全局核燃料規制課基準係長
平成13年1月	文部科学省科学技術・学術政策局原子力安全課原子力規制室
平成13年4月	文化庁長官官房著作権課マルチメディア著作権室集中管理係長
平成14年4月	文化庁長官官房著作権課マルチメディア著作権室普及係長
平成15年4月	文化庁長官官房著作権課マルチメディア著作権室著作権教育係長
平成15年7月	文部科学省科学技術・学術政策局原子力安全課放射線規制室第1審査係長
平成16年10月	経済産業省原子力安全・保安院原子力安全技術基盤課安全審査官
平成18年9月	文部科学省大臣官房総務課総務班大臣政務官室事務第二係長（秘書官事務取扱）
平成20年4月	文部科学省大臣官房総務課専門官（秘書官事務取扱）
平成21年9月	文部科学省科学技術・学術政策局原子力安全課放射線規制室専門官
平成24年8月	文部科学省科学技術・学術政策局原子力安全課安全審査調整官
平成24年9月	原子力規制委員会原子力規制庁安全管理調査官
平成27年5月	原子力規制委員会原子力規制庁安全規制管理官（BWR担当）付統括原子力保安検査官
令和2年7月	原子力規制庁原子力規制部核燃料施設等監視部門企画調査官

原子力規制庁原子力規制部統括監視指導官

熊　谷　直　樹（くまがい　なおき）

平成29年7月　原子力規制庁原子力規制部統括監視指導官

原子力規制庁原子力規制部統括監視指導官

伊 藤 博 邦 （いとう　ひろくに）

	原子力規制庁長官官房放射線規制部門安全管理調査官（放射線セキュリティ担当）
令和2年7月	原子力規制庁長官官房放射線規制部門安全管理調査官（放射線セキュリティ担当、制度担当）
令和4年7月	原子力規制庁原子力規制部統括監視指導官

原子力規制庁原子力規制部安全規制管理官（専門検査担当）

髙 須 洋 司（たかす　ようじ）

平成29年7月　原子力規制庁原子力規制部統括監視指導官
令和4年7月　原子力規制庁原子力規制部安全規制管理官（専門検査担
　　　　　　　当）

原子力規制庁原子力規制部専門検査部門首席原子力専門検査官

山　元　義　弘（やまもと　よしひろ）

平成30年7月　原子力規制庁原子力規制部専門検査部門首席原子力専門
　　　　　　　検査官

原子力規制庁原子力規制部専門検査部門首席原子力専門検査官

寒 川 琢 実 （さむかわ　たくみ）

平成26年3月	原子力規制庁原子力規制部安全規制調整官
平成29年7月	原子力規制庁原子力規制部実用炉審査部門安全規制調整官（実用炉審査担当）
令和2年7月	原子力規制庁原子力規制部核燃料施設等監視部門企画調査官
令和4年7月	原子力規制庁原子力規制部専門検査部門首席原子力専門検査官

原子力規制庁原子力規制部専門検査部門上席原子力専門検査官

川　下　泰　弘 （かわしも　やすひろ）

	原子力規制庁原子力規制部安全管理調査官　　を経て
平成29年7月	原子力規制庁原子力規制部専門検査部門上席原子力専門検査官

原子力規制庁原子力規制部専門検査部門上席原子力専門検査官

村 尾 周 仁 (むらお しゅうじ)

平成26年3月　原子力規制庁入庁
平成29年7月　原子力規制庁原子力規制部専門検査部門上席原子力専門
　　　　　　　検査官

原子力規制庁

原子力規制庁原子力規制部専門検査部門上席原子力専門検査官

上　田　　　洋 （うえだ　ひろし）

令和2年7月　原子力規制庁原子力規制部専門検査部門上席原子力専門
　　　　　　　検査官

原子力規制庁原子力規制部専門検査部門上席原子力専門検査官

早 川 善 也 （はやかわ　ぜんや）

令和3年7月　原子力規制庁原子力規制部専門検査部門上席原子力専門
　　　　　　　検査官

原子力規制庁

原子力規制庁原子力規制部専門検査部門上席原子力専門検査官

宮　崎　　　毅（みやざき　つよし）

令和3年7月　原子力規制庁原子力規制部専門検査部門上席原子力専門
　　　　　　検査官

原子力規制庁原子力規制部専門検査部門上席原子力専門検査官

雑　賀　康　正（さいか　やすまさ）

令和3年7月　原子力規制庁原子力規制部専門検査部門上席原子力専門
　　　　　　　検査官

原子力規制庁

原子力規制庁原子力規制部専門検査部門上席原子力専門検査官

中　田　　　聰（なかた　さとし）

令和 3 年 7 月　原子力規制庁原子力規制部専門検査部門上席原子力専門
　　　　　　　　検査官

●施設等機関・地方環境事務所
国立研究開発法人

環境省環境調査研修所長（併）総合環境政策統括官

上 田 康 治（うえだ　やすはる）

昭和40年4月生．広島県出身．
修道高校，東京大学

平成元年	環境庁入庁
平成9年	外務省在米国日本大使館書記官
平成12年	環境庁長官官房総務課国会連絡調整官
平成13年	環境省総合環境政策局環境計画課課長補佐
平成14年7月	環境省自然環境局総務課課長補佐
平成15年8月	環境省廃棄物・リサイクル対策部企画課課長補佐
平成16年7月	環境省総合環境政策局総務課課長補佐
平成19年7月	環境省大臣官房総務課課長補佐
平成19年8月	環境大臣秘書官
平成20年8月	環境省廃棄物・リサイクル対策部リサイクル推進室長
平成22年8月	環境省地球環境局地球温暖化対策課市場メカニズム室長
平成24年7月	環境省環境保健部環境安全課長
平成25年7月	環境省総合環境政策局総務課長
平成28年7月	環境省自然環境局総務課長
平成29年7月	環境省大臣官房秘書課長
平成30年7月	環境省大臣官房審議官
令和2年7月	環境省大臣官房政策立案総括審議官（併）公文書監理官
令和3年7月	内閣官房内閣審議官
令和3年7月	環境省大臣官房地域脱炭素推進総括官
令和4年7月	環境省環境調査研修所長（併）総合環境政策統括官

趣味　読書，囲碁
学生時代の所属部　合気道部

施設等機関

環境省環境調査研修所次長

西 山 理 行 (にしやま　みちゆき)

昭和40年8月23日生．神奈川県出身．
神奈川県立希望ヶ丘高校，筑波大学第二学群生物学類，
筑波大学大学院環境科学研究科

平成 2 年 4 月	環境庁入庁（大臣官房秘書課）
平成 2 年 4 月	環境庁富士箱根伊豆国立公園管理事務所
平成 4 年 4 月	環境庁自然保護局計画課
平成 5 年 7 月	（北海道庁自然保護課）
平成 7 年 4 月	環境庁自然保護局施設整備課
平成 9 年 4 月	環境庁東北地区自然保護事務所西目屋分室
平成10年12月	環境庁自然保護局企画調整課自然ふれあい推進室
平成13年 1 月	環境省中部地区自然保護事務所名古屋支所
平成15年 4 月	環境省中部地区自然保護事務所
平成17年 4 月	環境省沖縄奄美地区自然保護事務所（17. 10～那覇自然環境事務所）
平成19年 4 月	環境省自然環境局野生生物課
平成22年 4 月	環境省自然環境局総務課動物愛護管理室長
平成24年 9 月	北海道地方環境事務所釧路自然環境事務所長
平成28年 4 月	環境省自然環境局自然環境計画課生物多様性施策推進室長
平成29年 7 月	環境省自然環境局野生生物課鳥獣保護管理室長
令和元年 7 月	復興庁統括官付参事官
令和 2 年 7 月	環境省環境調査研修所次長

環境省環境調査研修所国立水俣病総合研究センター所長（兼）大臣官房審議官
Director General

針　田　　哲 (はりた　あきら)
昭和40年7月22日生．北海道出身．
札幌医科大学

平成22年4月	厚生労働省社会・援護局障害保健福祉部精神・障害保健課医療観察法医療体制整備推進室長
平成24年4月	自治医科大学公衆衛生学教授
平成26年7月	環境省総合環境政策局環境保健部環境安全課環境リスク評価室長
平成28年6月	日本医療研究開発機構戦略推進部次長
平成30年4月	法務省矯正局矯正医療管理官
令和2年8月	国立国際医療研究センター企画戦略局長
令和4年6月	環境調査研修所国立水俣病総合研究センター所長（兼）大臣官房審議官

施設等機関

環境省環境調査研修所国立水俣病総合研究センター次長

東　條　純　士（とうじょう　じゅんじ）

	環境省大臣官房付
平成29年8月	環境省大臣官房総務課広報室長
平成30年8月	中間貯蔵・環境安全事業管理部長
令和3年7月	環境省環境調査研修所国立水俣病総合研究センター次長

原子力安全人材育成センター副所長
Deputy Director-General

迎　　　隆（むかえ　たかし）

平成26年3月	原子力規制庁安全技術管理官（核燃料廃棄物担当）付企画官
平成27年4月	原子力規制庁長官官房技術基盤課企画調整官
平成28年4月	原子力規制庁長官官房首席技術研究調査官
平成29年4月	原子力規制庁長官官房安全技術管理官（核燃料廃棄物担当）
令和4年7月	原子力安全人材育成センター副所長

原子力安全人材育成センター人材育成課長

杉　本　文　孝（すぎもと　ふみたか）

令和3年　　　　原子力安全人材育成センター総合研修課長（兼）規制研
　　　　　　　　修課長
令和4年　　　　原子力安全人材育成センター人材育成課長

原子力安全人材育成センター総合研修課長（兼）規制研修課長

石　井　敏　満 （いしい　としみつ）

令和2年	原子力規制庁原子力規制部核燃料施設審査部門企画調査官
令和4年7月	原子力規制庁原子力規制部核燃料施設審査部門企画調査官
令和4年10月	原子力安全人材育成センター総合研修課長（兼）規制研修課長

原子力安全人材育成センター原子炉技術研修課長

渡　部　和　之（わたべ　かずゆき）

令和2年　　　原子力安全人材育成センター原子炉技術研修課長

環境省北海道地方環境事務所長
Superintendent, Hokkaido Regional Environment Office

番 匠 克 二（ばんしょう　かつじ）

昭和43年10月10日生．兵庫県出身．
東京大学,
東京大学大学院農学系研究科

平成 5 年 4 月	環境庁入庁
平成20年 4 月	環境省関東地方環境事務所日光自然環境事務所長
平成23年 7 月	環境省自然環境局自然環境整備担当参事官室参事官補佐
平成26年 7 月	環境省北海道地方環境事務所統括自然保護企画官
平成28年 4 月	環境省自然環境局野生生物課希少種保全推進室長
令和元年 7 月	環境省自然環境局総務課調査官
令和 3 年 8 月	環境省環境再生・資源循環局参事官（特定廃棄物対策）
令和 4 年 9 月	環境省北海道地方環境事務所長

環境省東北地方環境事務所長

田 村 省 二（たむら　しょうじ）

平成 3 年 4 月	環境庁入庁
	環境省自然環境局京都御苑管理事務所長
	環境省関東地方環境事務所統括自然保護企画官・次長
令和 2 年 5 月	復興庁統括官付参事官
令和 4 年 7 月	環境省東北地方環境事務所長

資格　博士（緑地環境科学）

環境省福島地方環境事務所長
Superintendent of Fukushima Regional Environment Office

関　谷　毅　史（せきや　たけし）
栃木県出身.

平成22年7月	環境省地球環境局地球温暖化対策課国際対策室長
平成22年10月	環境省地球環境局国際連携課国際地球温暖化対策室長
平成24年4月	環境省水・大気環境局総務課除染渉外広報室長
平成25年7月	環境省東北地方環境事務所福島環境再生事務所長
平成27年10月	環境省地球環境局総務課低炭素社会推進室長
平成28年6月	環境省地球環境局国際連携課長
平成29年7月	内閣官房内閣参事官
令和元年7月	環境省水・大気環境局総務課長（併）自動車環境対策課長
令和2年7月	環境省地球環境局総務課長
令和3年7月	環境省自然環境局総務課長
令和4年7月	環境省福島地方環境事務所長

地方環境事務所

環境省関東地方環境事務所長
Superintendent of Kanto Regional
Environment Office

大 森 恵 子（おおもり　けいこ）

昭和42年8月8日生．滋賀県出身．
滋賀県立膳所高校，京都大学経済学部経済学科

平成2年4月	環境庁入庁（大気保全局企画課）
平成4年4月	環境庁企画調整局環境保健部特殊疾病対策室
平成6年4月	環境庁企画調整局地球環境部環境保全対策課主査
平成8年6月	環境庁大臣官房総務課係長
平成10年4月	環境庁企画調整局環境影響評価課課長補佐
平成11年1月	人事院短期留学（オランダエネルギー保全・環境技術研究所）
平成11年7月	環境庁企画調整局調査企画室室長補佐
平成12年6月	環境庁企画調整局地球環境部環境保全対策課課長補佐
平成13年1月	経済産業省資源エネルギー庁省エネルギー・新エネルギー部政策課課長補佐
平成15年6月	環境省水環境部企画課課長補佐
平成16年7月	環境省地球環境局総務課課長補佐
平成18年10月	環境省大臣官房政策評価広報課課長補佐
平成20年8月	環境省大臣官房廃棄物・リサイクル対策部企画課循環型社会推進室長
平成23年8月	京都大学経済研究所附属先端政策分析研究センター教授
平成26年8月	環境省総合環境政策局環境影響評価課長
平成28年7月	環境省総合環境政策局環境保健部環境保健企画管理課長
平成29年7月	環境省大臣官房会計課長
平成30年7月	環境省大臣官房秘書課長
令和2年7月	環境省大臣官房審議官
令和3年7月	環境省大臣官房サイバーセキュリティ・情報化審議官（兼）公文書監理官
令和4年7月	環境省関東地方環境事務所長

主要著書　『グリーン融資の経済学―消費者向け省エネ機器・設備支援策の効果分析』（昭和堂）

環境省中部地方環境事務所長
Superintendent, Chubu Regional Environment Office

中　山　隆　治（なかやま　りゅうじ）

平成21年 4 月	環境省自然環境局国立公園課長補佐
平成23年 7 月	環境省釧路自然環境事務所次長
平成25年 4 月	環境省自然環境局生物多様性センター長
平成28年 4 月	環境省信越自然環境事務所長
平成30年 7 月	内閣参事官（まち・ひと・しごと創生本部事務局）、内閣府地方創生推進事務局参事官
令和 2 年 8 月	環境省東北地方環境事務所長
令和 4 年 7 月	環境省中部地方環境事務所長

環境省近畿地方環境事務所長
Superintendent, Kinki Regional Environment Office

関　根　達　郎（せきね　たつろう）
昭和40年2月8日生．大阪府出身．
大阪府立市岡高校,
大阪府立大学大学院農学研究科

平成2年4月	環境庁入庁
平成16年4月	環境省自然環境局自然環境整備課課長補佐
平成19年7月	環境省関東地方環境事務所統括自然保護企画官
平成22年2月	環境省自然環境局京都御苑管理事務所長
平成23年10月	環境省自然環境局野生生物課外来生物対策室長
平成27年1月	環境省環境調査研修所次長
平成28年7月	復興庁統括官付参事官
令和元年7月	環境省大臣官房総合政策課環境研究技術室長
令和2年8月	内閣官房まち・ひと・しごと創生本部事務局参事官
令和3年8月	環境省近畿地方環境事務所長

環境省中国四国地方環境事務所長
Superintendent, Chugoku-Shikoku Regional Environment Office

上　田　健　二（かみた　けんじ）

栃木県出身.
筑波大学附属駒場高校, 東京大学工学部

平成 9 年 4 月	環境庁入庁
平成13年 9 月	経済産業省産業技術環境局研究開発課研究開発専門官
平成18年 4 月	環境省近畿地方環境事務所廃棄物・リサイクル対策課長
平成22年 9 月	アメリカ合衆国環境保護庁（US-EPA）客員研究員（人事院行政官短期在外派遣研究員）
平成27年 8 月	環境省中国四国地方環境事務所保全統括官（高松事務所長）
平成28年 9 月	環境省地球環境局総務課課長補佐（総括）
平成29年 7 月	環境省福島地方環境事務所首席調整官
平成30年 4 月	環境省地球環境局総務課調査官
平成30年 7 月	環境省大臣官房総合政策課環境研究技術室長
令和元年 6 月	環境省中国四国地方環境事務所長

地方環境事務所

環境省九州地方環境事務所長
Superintendent of Kyushu Regional Environment Office

築　島　　明（つきしま　あきら）

昭和39年生．東京都出身．
北海道大学農学部

昭和62年 4 月	環境庁自然保護局企画調整課自然環境調査室
昭和62年10月	環境庁自然保護局保護管理課
昭和63年 4 月	環境庁自然保護局日光国立公園管理事務所（裏磐梯駐在）
平成元年 4 月	環境庁自然保護局富士箱根伊豆国立公園管理事務所（船津駐在）
平成 3 年 7 月	環境庁自然保護局計画課自然環境調査室調査係長
平成 5 年 7 月	環境庁自然保護局計画課（企画調整局企画調整課 併任）
平成 7 年 7 月	国土庁計画・調整局計画課専門調査官
平成 9 年 7 月	環境庁西北海道地区国立公園・野生生物事務所主査（上川駐在）
平成11年 7 月	環境庁自然保護局企画調査課自然ふれあい推進室室長補佐
平成13年 4 月	環境省自然環境局自然環境整備課課長補佐
平成15年 7 月	長崎県県民生活環境部自然保護課長
平成18年 7 月	環境省自然環境局総務課動物愛護管理室長
平成19年 7 月	環境省大臣官房政策評価広報課広報室長
平成20年 7 月	環境省大臣官房総務課企画官
平成21年 2 月	環境省自然環境局新宿御苑管理事務所長
平成23年 4 月	日本環境安全事業株式会社管理部次長 兼 経営企画課長
平成25年 4 月	環境省中国四国地方環境事務所長
平成30年 7 月	宮内庁管理部庭園課長
令和 3 年 7 月	環境省中部地方環境事務所長
令和 4 年 7 月	環境省九州地方環境事務所長

国立研究開発法人　国立環境研究所理事長
National Institute for Environmental
Studies, President

木　本　昌　秀 (きもと　まさひで)

昭和55年4月	気象庁入庁
平成4年4月	気象庁気象研究所気候研究部研究官
平成5年4月	気象庁気象研究所気候研究部主任研究官
平成6年4月	東京大学気候システム研究センター助教授
平成13年10月	東京大学気候システム研究センター教授
平成22年4月	東京大学大気海洋研究所教授（改組による　～31.3　東京大学大気海洋研究所副所長）
令和3年4月	国立研究開発法人国立環境研究所理事長

●資　　　料

本省各位の意向に則り、可能な範囲を掲載しております。

本　省	
〈設置場所〉	〈直通電話〉
環　　境　　大　　臣	03－3580－0241
環　境　副　大　臣	03－3580－0242
環　境　副　大　臣	03－3581－3361
環　境　大　臣　政　務　官	03－3581－4912、3362
環　境　事　務　次　官	03－3580－0243
地　球　環　境　審　議　官	03－3593－3071
顧　　　　　　　　　問	03－3581－4917
秘　　　書　　　官	03－3580－0241
秘　書　官　事　務　取　扱	03－3580－0241
秘書事務取扱(副大臣)	03－3580－0242
秘書事務取扱(副大臣)	03－3580－0247
秘書事務取扱(大臣政務官)	03－3581－4912、3363

〔大　臣　官　房〕

大　臣　官　房　長	03－3580－0244
サイバーセキュリティ・情報化審議官	
大　臣　官　房　審　議　官	03－3581－4914
大　臣　官　房　審　議　官	
大　臣　官　房　審　議　官	
大　臣　官　房　審　議　官	
大　臣　官　房　審　議　官	
大　臣　官　房　審　議　官	
大　臣　官　房　秘　書　課	03－6457－9498
大臣官房秘書課地方環境室	03－5521－9266
大　臣　官　房　総　務　課	
大臣官房総務課広報室	
大　臣　官　房　会　計　課	

総合環境政策統括官グループ

総　合　環　境　政　策　統　括　官	03－3580－1701
総　合　政　策　課	03－5521－8224
企画評価・プロモーション室	03－5521－8326
環　境　研　究　技　術　室	03－5521－8238
環　境　教　育　推　進　室	03－5521－8231
環　境　経　済　課	03－5521－8230

資料

市 場 メ カ ニ ズ ム 室	03－5521－8354
環 境 影 響 評 価 課	03－5521－8236
環 境 影 響 審 査 室	03－5521－8237
地域脱炭素推進審議官グループ	
地 域 政 策 課	03－5521－8232
地 域 脱 炭 素 事 業 推 進 課	03－5521－8233
地域脱炭素政策調整担当参事官室	03－5521－9109
環 境 保 健 部	
環 境 保 健 部	03－3580－9706
環 境 保 健 企 画 管 理 課	03－5521－8250
政 策 企 画 官	03－5521－8252
保 健 業 務 室	03－5521－8255
特 殊 疾 病 対 策 室	03－5521－8257
石 綿 健 康 被 害 対 策 室	03－5521－6551
化 学 物 質 審 査 室	03－5521－8253
公 害 補 償 審 査 室	03－5521－8264
環 境 安 全 課	03－5521－8261
環 境 リ ス ク 評 価 室	03－5521－8263
参 事 官	03－5521－9248
〔**環境再生・資源循環局**〕	
総 務 課	03－5501－3152
循 環 型 社 会 推 進 室	03－5521－8336
リ サ イ ク ル 推 進 室	03－5501－3153
廃 棄 物 適 正 処 理 推 進 課	03－5501－3154
浄 化 槽 推 進 室	03－5501－3155
放 射 性 物 質 汚 染 廃 棄 物 対 策 室	03－5521－8349
廃 棄 物 規 制 課	03－5501－3156
特 定 廃 棄 物 対 策 担 当 参 事 官 室	03－5521－8812
環 境 再 生 事 業 担 当 参 事 官 室	03－5521－9267
不 法 投 棄 原 状 回 復 事 業 対 策 室	03－6205－4798
災 害 廃 棄 物 対 策 室	03－5521－8358
福島再生・未来志向プロジェクト推進室	03－5521－9269
環 境 再 生 施 設 整 備 担 当 参 事 官 室	03－5521－9249
ポリ塩化ビフェニル廃棄物処理推進室	03－6457－9096
〔 **地 球 環 境 局** 〕	
地 球 環 境 局	03－3593－0489

総　　　務　　　課	03−5521−8241
脱炭素社会移行推進室	03−5521−8244
気候変動観測研究戦略室	03−5521−8247
気 候 変 動 適 応 室	03−5521−8242
地 球 温 暖 化 対 策 課	03−5521−8249
地球温暖化対策事業室	03−5521−8355
フ　ロ　ン　対　策　室	03−5521−8329
脱炭素ライフスタイル推進室	03−5521−8341
脱炭素ビジネス推進室	03−5521−8249
国　際　連　携　課	03−5521−8243
気候変動国際交渉室	03−5521−8330
国際脱炭素移行推進・環境インフラ担当参事官室	03−5521−8248
〔 **水 ・ 大 気 環 境 局** 〕	
水 ・ 大 気 環 境 局	03−5521−8286
総　　　務　　　課	03−5521−8289
環 境 管 理 技 術 室	03−5521−8297
大　気　環　境　課	03−5521−8292
大 気 生 活 環 境 室	03−5521−8299
自 動 車 環 境 対 策 課	03−5521−8302
水　　環　　境　　課	03−5521−8304
閉 鎖 性 海 域 対 策 室	03−5521−8319
海　洋　環　境　室	03−5521−9023
海洋プラスチック汚染対策室	03−5521−8304
土　壌　環　境　課	03−5521−8321
農 薬 環 境 管 理 室	03−5521−8323
地 下 水 ・ 地 盤 環 境 室	03−5521−8309
〔 **自 然 環 境 局** 〕	
総　　　務　　　課	03−5521−8266
調　　　査　　　官	03−5521−8270
動 物 愛 護 管 理 室	03−5521−8331
自 然 環 境 計 画 課	03−5521−8272
生 物 多 様 性 戦 略 推 進 室	03−5521−8273
生 物 多 様 性 主 流 化 室	03−5521−9108
国　立　公　園　課	03−5521−8277
自 然 環 境 整 備 課	03−5521−8280
野　生　生　物　課	03−5521−8282
鳥 獣 保 護 管 理 室	03−5521−8285

資
料

希 少 種 保 全 推 進 室	03－5521－8353
外 来 生 物 対 策 室	03－5521－8344
〔国立公園管理事務所〕	
皇 居 外 苑 管 理 事 務 所	03－3213－0095
京 都 御 苑 管 理 事 務 所	075－211－6348
新 宿 御 苑 管 理 事 務 所	03－3350－0152
〔墓 苑 管 理 事 務 所〕	
千鳥ケ淵戦没者墓苑管理事務所	03－3262－2030
生 物 多 様 性 セ ン タ ー	0555－72－6031

外局	
原 子 力 規 制 庁	(代)03－3581－3352

地方支分部局	
〔地 方 環 境 事 務 所〕	
北 海 道 地 方 環 境 事 務 所	011－299－1950
東 北 地 方 環 境 事 務 所	022－722－2870
福 島 地 方 環 境 事 務 所	024－573－7330
関 東 地 方 環 境 事 務 所	048－600－0516
中 部 地 方 環 境 事 務 所	052－955－2130
近 畿 地 方 環 境 事 務 所	06－6881－6500
中国四国地方環境事務所	086－223－1577
九 州 地 方 環 境 事 務 所	096－322－2400

施設等機関	
環 境 調 査 研 修 所	(代)04－2994－9303
国立水俣病総合研究センター	(代)0966－63－3111

国立研究開発法人・独立行政法人	
国 立 環 境 研 究 所	029－850－2314
環 境 再 生 保 全 機 構	044－520－9501

環境省住所一覧

名　称　　　　　　　　　　(住所・TEL)

～本　省～

〒100-8975　東京都千代田区霞が関1-2-2
中央合同庁舎5号館
03(3581)3351（代表）

～外　局～

原子力規制委員会／原子力規制庁

〒106-8450　東京都港区六本木1-9-9
　　　　　　　六本木ファーストビル
03(3581)3352

～地方支分部局～

■環境事務所
　北海道地方環境事務所

〒060-0808　北海道札幌市北区北8条西
　　　　　　　2丁目
　　　　　　　札幌第1合同庁舎3階
011(299)1950

　東北地方環境事務所

〒980-0014　宮城県仙台市青葉区本町3丁目2-23
　　　　　　　仙台第2合同庁舎6F
022(722)2870

　福島地方環境事務所

〒960-8031　福島県福島市栄町11-25
　　　　　　　AXCビル6階5階4階
024(573)7330

　関東地方環境事務所

〒330-9720　埼玉県さいたま市中央区新都心
　　　　　　　1番地1
　　　　　　　さいたま新都心合同庁舎1号館
　　　　　　　6階
048(600)0516

資
料

中部地方環境事務所

〒460-0001　愛知県名古屋市中区三の丸2-5-2

052(955)2130

近畿地方環境事務所

〒530-0042　大阪府大阪市北区天満橋1-8-75
桜ノ宮合同庁舎4階

06(6881)6500

中国四国地方環境事務所

〒700-0907　岡山県岡山市北区下石井1丁目4番1号
岡山第2合同庁舎11F

086(223)1577

九州地方環境事務所

〒860-0047　熊本県熊本市西区春日2-10-1
熊本地方合同庁舎B棟4階

096(322)2400

～地方機関～

■国民公園管理事務所

皇居外苑管理事務所　　〒100-0002　東京都千代田区皇居外苑1-1
03(3213)0095

京都御苑管理事務所　　〒602-0881　京都府京都市上京区京都御苑3
075(211)6348

新宿御苑管理事務所　　〒160-0014　東京都新宿区内藤町11番地
03(3350)0152

■墓苑管理事務所
千鳥ケ淵戦没者墓苑管理事務所

〒102-0075　東京都千代田区三番町2
03(3262)2030

■生物多様性センター　　〒403-0005　山梨県富士吉田市上吉田剣丸尾
5597-1

0555(72)6031

～施設等機関～

環境調査研修所

〒359-0042　埼玉県所沢市並木3-3
04(2994)9303

国立水俣病総合研究センター

〒867-0008　熊本県水俣市浜4058-18
0966(63)3111

資料

～関連機関等～

国立研究開発法人国立環境研究所

〒305-8506　茨城県つくば市小野川16-2
029(850)2314

独立行政法人環境再生保全機構

〒212-8554　神奈川県川崎市幸区大宮町
1310番
ミューザ川崎セントラルタワー
044(520)9501

中間貯蔵・環境安全事業株式会社(JESCO)

〒105-0014　東京都港区芝1-7-17
住友不動産芝ビル3号館
03(5765)1911

地球環境パートナーシッププラザ(GEOC)

〒150-0001　東京都渋谷区神宮前5-53-70
国連大学ビル1F
03(3407)8107

全国地球温暖化防止活動推進センター(JCCCA)

〒102-0074　東京都千代田区九段南3-9-12
九段ニッカナビル7階
03(6273)7785

公益財団法人地球環境戦略研究機関(IGES)

〒240-0115　神奈川県三浦郡葉山町上山口
2108-11
046(855)3700

環境省常設審議会

◆審議会

| 中央環境審議会 | 環境省大臣官房総務課
03（5521）8210　会長　高村　ゆかり
東京大学未来ビジョン研究センター教授 |

◆部　会

| 総 合 政 策 部 会 | 部会長　高村　ゆかり
東京大学未来ビジョン研究センター教授 |

| 循 環 型 社 会 部 会 | 部会長　酒井　伸一
（公財）京都高度技術研究所副所長 |

| 環 境 保 健 部 会 | 部会長　大塚　　直
早稲田大学法学部教授 |

| 地 球 環 境 部 会 | 部会長　大塚　　直
早稲田大学法学部教授 |

| 大気・騒音振動部会 | 部会長　大原　利眞
埼玉県環境科学国際センター研究所長 |

| 水環境・土壌農薬部会 | 部会長　古米　弘明
中央大学研究開発機構機構教授 |

| 自 然 環 境 部 会 | 部会長　武内　和彦
公益財団法人地球環境戦略研究機関理事長、東京大学特任教授 |

| 動 物 愛 護 部 会 | 部会長　西村　亮平
東京大学大学院農学生命科学研究科教授 |

・遺伝資源の取得及び利用に関する報告

名古屋議定書の国内措置である遺伝資源の取得の機会及びその利用から生ずる利益の公正かつ衡平な配分に関する指針に基く、遺伝資源の取得及び利用に係る環境大臣への報告。

・特定特殊自動車の技術基準適合の確認証再交付申請

特定特殊自動車の使用者が、確認証を滅失し、又はき損したときに、確認証の再交付を申請するときに行う手続き

・特定特殊自動車の技術基準適合の確認申請

法第17条第1項ただし書きの確認を受けようとするものが、当該特定特殊自動車の検査を受け、特定原動機技術基準及び特定特殊自動車技術基準に適合することの確認を主務大臣に受けるときに行う手続き

・少数生産特定特殊自動車の記載事項の変更の承認申請

少数生産車承認事業者が当該少数承認に係る添付書面の記載事項を変更したときに行う手続き

・少数生産特定特殊自動車の記載事項の変更の届出

少数生産車承認事業者が当該少数承認に係る申請書の記載事項を変更したときに行う手続き

・少数生産特定特殊自動車の製作等の廃止届出

少数生産車承認事業者が、承認を受けた型式の少数生産車の製作等をしなくなったときに行う手続き

・少数生産特定特殊自動車の特例の失効届出

少数生産車承認事業者が、承認後に製作等をした台数が百台に達し承認の効力を失ったときにその旨を届出するときに行う手続き

・少数生産特定特殊自動車の報告

少数生産車承認事業者が、承認を受けた型式の少数生産車の前年度における製作等台数を、毎年度、主務大臣に報告するときに行う手続き

・**少数生産特定特殊自動車の特例承認**

・**型式届出特定特殊自動車の記載事項の変更の届出**
　型式届出特定特殊自動車製作等事業者が当該型式届出に係る届出書またはその添付書面の記載事項を変更したときに行う手続き

・**特定特殊自動車の型式届出**
　特定特殊自動車製作等事業者が、その製作等に係る特定特殊自動車に型式指定原動機を搭載し、かつ、当該特定特殊自動車と同一の型式に属する特定特殊自動車のいずれもが特定特殊自動車技術基準に適合するものとなることを確保することができると認め届出するときに行う手続き

・**型式指定特定原動機の変更の承認申請**
　型式指定特定原動機製作等事業者が当該型式指定に係る添付書面のうち規則第3条第2項各号（第4号及び第8号を除く）の記載事項を変更をしたときに行う手続き

・**型式指定特定原動機の製作等を行わなくなった旨の届出**
　型式指定特定原動機製作等事業者が当該型式の特定原動機の製作等をしなくなったときに行う手続き

・**型式指定特定原動機の記載事項の変更の届出**
　型式指定特定原動機製作等事業者が当該型式指定に係る申請書又はその添付書面の記載事項のうち規則第3条第2項第4号に係る書面の変更をしたときに行う手続き

・**特定原動機の型式指定申請**
　特定原動機製作等事業者が、申請に係る特定原動機が特定原動機技術基準に適合し、かつ、均一性を有するものであるかどうかを判定することによって行う型式指定を主務大臣に申請するときに行う手続き

令和5年度環境省重点施策

令和5年度　環境省概算要求・要望の概要

1．歳出予算

（単位：億円）

【一般会計】

	令和4年度当初予算額	令和5年度			
		概算要求額	重要政策推進枠要望額	計	対前年度比
一般政策経費等	1，487	1，366	495	1，861	125％

【エネルギー対策特別会計】

	令和4年度当初予算額	令和5年度			
		概算要求額	重要政策推進枠要望額	計	対前年度比
エネルギー対策特別会計	1，659	2，137	299	2，436	147％

小計

	令和4年度当初予算額	令和5年度			
		概算要求額	重要政策推進枠要望額	計	対前年度比
一般会計＋エネ特	3，146	3，503	794	4，297	137％

【東日本大震災復興特別会計】

	令和4年度当初予算額	令和5年度			
		概算要求額	重要政策推進枠要望額	計	対前年度比
東日本大震災復興特別会計	3，431	3，117	―	3，117	91％

合計

	令和4年度当初予算額	令和5年度			
		概算要求額	重要政策推進枠要望額	計	対前年度比
合計	6，577	6，620	794	7，414	113％

※GXへの投資に係る経費については、予算編成過程において検討する。

※「防災・減災、国土強靱化のための5カ年加速化対策」に係る経費については、予算編成過程において検討する。

※四捨五入等の理由により、計数が合致しない場合がある。

2．財政投融資

	令和4年度当初予算額	令和5年度			
		概算要求額	重要政策推進枠要望額	計	対前年度比
財政投融資（産業投資）	200	400	―	400	200％

※財政投融資とは別に、政府保証（5年未満）を新規で200億円要求する。

令和５年度　環境省重点施策

≪基本的方向≫

　一刻の猶予も許さない気候変動問題は、ロシアのウクライナ侵略に端を発するエネルギー安全保障への懸念の高まりや輸入資源価格高騰、災害頻発化・激甚化、人口減少・少子高齢化に伴う地域経済衰退などとともに、我が国が直面する最重要社会課題（「時代の要請」）。こうした社会課題を対症療法的に解決するのではなく、解決に向けた取組それ自体を付加価値創造の源泉として成長戦略に位置づけ、課題解決と経済成長を同時実現するのが「新しい資本主義」。

　環境省は、炭素中立（カーボンニュートラル）、循環経済（サーキュラーエコノミー）、自然再興（ネイチャーポジティブ）の**同時達成に向けた取組を加速化**することで、**持続可能性を巡る社会課題の解決と経済成長を同時実現し、「新しい資本主義」に貢献**する。これは、炭素中立、循環経済、分散型・自然共生の３つの社会を統合する概念である地域循環共生圏の創造にも通ずる。

　こうした施策全体の方向性の下、炭素中立型経済社会への移行に向けては、「2030 年までは勝負の 10 年」という強い危機感を持ち、必要な取組を進める。裏付けとなる将来の財源を確保しながら 20 兆円とも言われている必要な政府資金を先行して調達するためのＧＸ経済移行債（仮称）発行も含めた**「成長志向型カーボンプライシング構想」の具体化・最大限活用を検討**する。今後 10 年間で、官民協調で少なくとも 150 兆円超の脱炭素分野での新たな投資を実現するため、資金需要の立ち上がりが早い既存最先端技術の社会実装の観点も含め、地域・くらしの脱炭素トランジションに向けた投資や、地域脱炭素と密接に関連する社会インフラ・サプライチェーン分野における投資を積極的に促進する。これにより、自立した国産のエネルギー源である再生可能エネルギーを最大限に導入し、エネルギー安全保障にも貢献する。

　また、**2023 年に日本で開催される G7 に最大限貢献**し、日本企業や自治体等の日本の取組をアピールし、約 4,000 兆円とも言われる世界の ESG 資金を呼び込む。 同時に、日本の脱炭素技術等の海外展開を促進し、世界の脱炭素化、特に「アジア・ゼロエミッション共同体構想」の実現に貢献する。

　さらに、環境庁創設から 50 年、環境省創設から 20 年を経た中で、**公害の防止や健康被害の補償・救済を始めとする環境省の不変の原点を追求する取組**を着実に進めていく。

　東日本大震災・原発事故からの復興・再生については、放射性物質による汚染からの環境再生に向けて、**福島県内の除去土壌等の 30 年以内の県外最終処分**という約束を果たすべく全力で取り組むとともに、**未来志向の取組**を展開する。

　これらの取組は、不変でありながら、たゆまず改善を図りながら進めていく。

　以上のような、**「時代の要請への対応」**と**「不変の原点の追求」**という**２つのコア・ミッションの実現**に向けて、環境省では以下の施策を重点的に展開していく。

1．時代の要請への対応 ～新しい資本主義実現に向けた環境と経済の好循環～

1－1．炭素中立型経済社会実現に向けた取組

パリ協定の1.5度目標の達成を目指し、エネルギー危機克服にもつながるよう、炭素中立型経済社会への移行を加速することが重要である。我が国は、**2050年までのカーボンニュートラル及び2030年度温室効果ガス46％削減**の実現を目指し、**50％の高みに向けた挑戦**を続けていく。

その実現に向け、複数年度にわたる継続的・包括的な支援スキームとして創設した**地域脱炭素移行・再エネ推進交付金を拡充し、脱炭素先行地域づくりと脱炭素の基盤となる重点対策を加速化**するとともに、株式会社脱炭素化支援機構による出資等の拡大を図る。これらを通じた資金供給と、脱炭素分野で活躍する人材の育成・確保、日本企業の99.7％を占める中小企業や地域金融に対する脱炭素経営の能力向上支援、地球温暖化対策推進法による**再エネ促進区域の設定**の促進とを一体的に推進し、**地域脱炭素を加速化**する。

また、地域脱炭素と密接に関連する社会インフラ・サプライチェーンの脱炭素化を、民間資金も活用しつつ推進するため、**中小企業をはじめとする企業の脱炭素経営や環境情報開示**の後押し、環境関連金融商品の組成・投資の拡大や地域におけるESG金融の拡大等のサステナブルファイナンスの推進、コールドチェーンの脱フロン化・脱炭素化等を図る。

さらに、ポイント制度やナッジの活用を含む国民運動、製品に係る温室効果ガス排出量等の表示等により、脱炭素なくらしが生活の質の向上につながると実感できるきっかけづくりの推進とともに、関係省庁とも連携して既存のものを含む住宅・建築物の脱炭素化に向けた対策強化、再エネとセットでの電動車のシェアリングや地域交通への普及促進等を推進することにより、**社会全体での脱炭素なくらしへの転換**を後押しする。

セントラル方式導入を含めたアセス制度の最適化検討を通じた洋上風力発電導入促進、地熱発電施設数倍増に向けた環境整備、蓄電池の導入促進等による**自立した国産のエネルギー源である再エネの最大限の導入推進のための基盤づくり**、再エネ由来のグリーン水素や熱の活用等による**地域・社会インフラ・くらしの脱炭素移行に必要な先導技術の早期実証・社会実装**を進める。

「成長志向型カーボンプライシング構想」の具体化・最大限活用を検討し、成長志向型カーボンプライシングの取組を進めていく。

また、炭素中立型経済社会実現に貢献する森林等の吸収源対策を進める。

これらの施策を通じ、資金需要の立ち上がりが早い既存最先端技術の社会実装の観点も含め、**地域・くらしの脱炭素トランジションに向けた投資**や、地域脱炭素と密接に関連する**社会インフラ・サプライチェーン分野における投資**の加速化を図り、約4,000兆円とも言われる世界のESG資金を呼び込む。

顕著な高温の発生等に備えた地域における熱中症対策の促進、日本の防災技術・知見を活用した国際貢献や気候変動適応ビジネスの国際展開等の**適応施策**を推進する。

257

（金額は億円単位）

（1）地域・社会インフラ・くらしの脱炭素トランジションの推進

① 脱炭素先行地域づくり、脱炭素の基盤となる重点対策の全国実施の加速化

- 地域脱炭素移行・再エネ推進交付金【エネ特】 400（200）
- 地域再エネの最大限導入のための地方自治体の計画づくり支援【エネ特】 50（8）
- 防災拠点や避難施設となる公共施設への再生可能エネルギー設備等導入支援【エ ネ特】 70（20）
- 初期費用ゼロ型太陽光発電等の再生可能エネルギー設備全国導入加速化支援（民 間企業等による再エネ主力化・レジリエンス強化促進事業）【エネ特】 200（38）

②民間資金を活用した脱炭素型社会インフラの整備、中小企業をはじめとするサプ ライチェーン全体での脱炭素経営促進

- 株式会社脱炭素化支援機構による脱炭素事業への資金供給【財投】 400（200）
  【政府保証】 200（新規）
- 株式会社脱炭素化支援機構と連携した地域脱炭素投融資促進 2（新規）
- サプライチェーン全体での脱炭素経営の実践普及・高度化【エネ特】 15（新規）
- 中小企業をはじめとするサプライチェーン全体の脱炭素移行に向けた工場・事業 場における先導的な脱炭素化取組の推進【エネ特】 100（37）
- コールドチェーンを支える冷凍冷蔵機器の脱フロン・脱炭素化の推進【エネ特】 73（新規）
- 物流に関わる空港、港湾、海事などの脱炭素化の促進【エネ特】 17（17）
- グリーンファイナンスの裾野拡大・質の担保のための基盤整備【エネ特】 4（新規）
- ESG金融の更なる浸透のための市場動向調査・情報発信【エネ特】 5（3）

③くらしの転換を通じた需要側からの経済社会システムの変革

- 住宅のZEH・省CO2化促進【エネ特】 140（110）
- 建築物のZEB・省CO2化促進【エネ特】 130（59）
- 再エネとセットでの電動車のシェアリングや地域交通への普及促進（地域・ くらしの脱炭素型交通等モデル構築加速化事業）【エネ特】 34（13）
- 食品ロス削減及び食品廃棄物等の3R推進 2（1）
- ファッションロス削減等によるサステナブル・ファッション等の促進 1（0.8）
- ナッジ×デジタルによる脱炭素型ライフスタイルへの転換促進【エネ特】 28（18）

④自立した国産のエネルギー源である再エネ導入推進のための基盤づくり

- 再生可能エネルギー資源発掘・創生のための情報提供システム整備【エネ特】 9（9）
- 事業性評価等を通じた浮体式洋上風力発電の早期普及促進（浮体式洋上風力 発電による地域の脱炭素化ビジネス促進事業）【エネ特】 4（4）

資料

- 洋上風力発電の導入促進に向けた環境保全手法の最適化実証等【エネ特】　　　　5（5）
- IoTを活用した連続温泉モニタリングの仕組みの構築等を通じた地域共生型　　　2（3）
  地熱利活用の推進（地域共生型地熱利活用に向けた方策等検討事業）【エネ特】

⑤地域・社会インフラ・くらしの脱炭素移行に必要な先導技術の早期実証・社会実装の推進

- 化石由来資源からの再生可能資源（バイオマスプラスチック、SAF等）への素材代　　50（新規）
  替、金属・再エネ関連製品等の省CO2型リサイクル、地域の廃棄物バイオマスの利
  活用等の実証（脱炭素型循環経済システム構築促進事業）【エネ特】
- 再エネ等から製造した水素の利活用推進【エネ特】　　　　　　　　　　　　　70（66）
- CCUS早期社会実装のための環境調和の確保及び脱炭素・循環型社会モデル構築【エ　　80（80）
  ネ特】
- 潮流発電の実用化技術確立や商用展開に向けた実証【エネ特】　　　　　　　　　7（7）
- ボトムアップ型の脱炭素技術シーズ開発・実証（地域共創・セクター横断型カーボ　　50（50）
  ンニュートラル技術開発・実証事業）【エネ特】
- 革新的な省CO2実現のための部材（GaN）や素材（CNF）の社会実装・普及展開　　38（38）
  加速化【エネ特】
- 脱炭素に向けた革新的触媒技術の開発・実証【エネ特】　　　　　　　　　　　　19（19）

（２）成長志向型カーボンプライシングの取組

- カーボンプライシング調査【エネ特】　　　　　　　　　　　　　　　　　　　　3（3）
- J-クレジット制度の運営・促進（温室効果ガス関連情報基盤整備事業の一　　10の内数（10の内数）
  部）【一部エネ特】

※「成長志向型カーボンプライシング構想」に係る税制改正要望については、１２頁に記載

（３）森林等の吸収源対策の推進

- 温室効果ガスインベントリの管理（温室効果ガス関連情報基盤整備事業の　　10の内数（10の内数）
  一部）【一部エネ特】（再掲）
- J-クレジット制度の運営・促進（温室効果ガス関連情報基盤整備事業の一　　10の内数（10の内数）
  部）【一部エネ特】（再掲）
- 30by30達成に向けた国立・国定公園の新規指定等の推進　　　　　　　　　　　　1（0.6）
- 民間取組の認定等によるOECM促進　　　　　　　　　　　　　　　　　　　　　3（2）

（４）熱中症対策を始めとした適応施策の推進

- 熱中症対策の推進　　　　　　　　　　　　　　　　　　　　　　　　　　　　　3（1）
- 気候変動影響評価・適応の推進　　　　　　　　　　　　　　　　　　　　　　　8（8）

1－2．炭素中立型経済社会と循環経済（サーキュラーエコノミー）の同時達成

持続可能な社会経済システムを実現するためには、有限な地球環境の下で、徹底的に資源を循環させていく社会に移行し**循環経済を実現**するとともに、炭素中立型経済社会への移行や自然再興（ネイチャーポジティブ）を同時達成していくことが必要である。

このため、現在取りまとめを行っている循環経済工程表を踏まえ、2030年までに**サーキュラーエコノミー関連ビジネスの市場規模を80兆円以上**とすることを目指し、**プラスチック資源循環法に基づく取組**（プラスチックの排出抑制、バイオプラスチックの導入促進、プラスチック資源としての回収量倍増、リユース・リサイクルの徹底）や炭素中立型経済社会移行に不可欠な**金属リサイクルの倍増、廃棄物等バイオマスの素材や燃料（SAF等）での持続的な利活用**、ファッションロス削減など**サステナブル・ファッション**に関係主体が積極的に取り組める環境づくりや情報発信、**食品廃棄ゼロエリア創出やフードドライブを始め食品ロス削減の具体的な取組喚起**、太陽光パネルや蓄電池などの再エネ関連製品の普及・拡大に伴う対応、「所有」から「利用」への転換を促すシェアリングやサブスクリプション型サービスの普及を進める。

また、気候変動による災害の頻発化・激甚化に対応しつつ、資源循環分野の脱炭素化の実現を図るため、廃棄物処理法に基づく基本方針や廃棄物処理施設整備計画の見直し、**災害廃棄物対策の体制整備、一般廃棄物処理施設・浄化槽の整備推進**、デジタル技術の活用等により、持続可能でレジリエントな廃棄物処理体制を構築する。

（金額は億円単位）

（1） 循環経済（サーキュラーエコノミー）への移行の加速化

・ プラスチック資源・金属資源等のバリューチェーン脱炭素化のための設備高度化【エネ特】	100（新規）
・ 化石由来資源からの再生可能資源（バイオマスプラスチック、SAF等）への素材代替、金属・再エネ関連製品等の省CO2型リサイクル、地域の廃棄物バイオマスの利活用等の実証（脱炭素型循環経済システム構築促進事業）【エネ特】（再掲）	50（新規）
・ プラスチック資源循環の推進	3（3）
・ 食品ロス削減及び食品廃棄物等の3R推進（再掲）	2（1）
・ ファッションロス削減等によるサステナブル・ファッション等の促進（再掲）	1（0.8）
・ 所有から利用への転換を促す電動車のシェアリング促進（地域・くらしの脱炭素型交通等モデル構築加速化事業）【エネ特】（再掲）	34（13）

（2）レジリエントな廃棄物処理体制の構築

・ 大規模災害に備えた廃棄物処理体制の検討	5（3）
・ 一般廃棄物処理施設の整備【一部エネ特】	701+事項要求（494）
・ 浄化槽の整備【一部エネ特】	112+事項要求（104）
・ PCB廃棄物の適正な処理の推進等	74+事項要求（41）
・ 産業廃棄物の不法投棄等の原状回復措置の推進	3（0.6）
・ デジタル技術の活用等による脱炭素型資源循環システム創成実証事業【エネ特】	2（2）

1－3．炭素中立型経済社会と自然再興（ネイチャーポジティブ）の同時達成

持続可能な社会経済システムを実現するためには、2030年までに**自然再興（ネイチャーポジティブ＝生物多様性の損失を止め、回復軌道に乗せること）の実現**を炭素中立型経済社会や循環経済への移行と統合的に進める必要がある。また、自然を活用した地域活性化により、デジタル田園都市国家構想実現にも貢献していくことが必要である。

このため、生物多様性国家戦略に基づき、2030年までに**陸・海の30%以上の保全（30by30目標）**の実現を目指す。具体的には、国立公園等の保護地域の新規指定・区域拡張や**保護地域以外の生物多様性保全に資する区域（OECM**※1）推進への民間取組等を促すための仕組み・データの整備、日本版OECM等の国際展開、生態系を活用した防災・減災等の自然を活用した解決策（Nature-based Solutions）を推進する。

また、経営に生物多様性・自然資本配慮を求める**国際的枠組**（TNFD※2、SBTfN※3等）**に係るルールメイキングに積極的に関与**するとともに、**自然再興を実現する経済に向けたビジョン**を示し、先進的な日本企業等が対応出来る体制を整え、生物多様性保全の取組と、炭素中立型経済社会・循環経済への移行の取組との相乗効果を発揮させる。

さらに、ウィズ・コロナ下で自然・健康への関心も高まる中、自然を活用した地域活性化を推進するため、**国立公園等の滞在環境上質化等**、地域共生型地熱利活用、良好な環境の創出、ブルーカーボンの取組を含む**豊かな海づくり**等に取り組む。

※1 OECM：Other Effective area-based Conservation Measures、※2 TNFD：Taskforce on Nature-related Financial Disclosures、※3 SBTfN：Science Based Targets for Nature

（金額は億円単位）

（1）生物多様性国家戦略に基づく 30by30 目標や自然資本に配慮した経営等の実現

- 30by30 達成に向けた国立・国定公園の新規指定等の推進（再掲）　　1（0.6）
- 国立公園等内の自然環境保全上特に重要な民有地の国有化（特定民有地買上事業費）　　5（5）
- 民間取組の認定等による OECM 促進（再掲）　　3（2）
- 生物多様性「見える化」（自然環境保全基礎調査）　　1（0.9）
- 自然生態系を活用した社会課題への対応推進　　0.4（0.4）
- 経営に関する生物多様性・自然再興の国際的枠組推進　　0.4（0.4）
- 生物多様性国家戦略に基づく取組の推進（生物多様性国家戦略推進費）　　1（0.5）

（2）自然を活用した地域活性化の推進

- 国立公園満喫プロジェクト等の推進（自然公園等事業費を含む）【一部エネ特】　　128＋事項要求（108）
- IoT を活用した連続温泉モニタリングの仕組みの構築等を通じた地域共生型地熱利活用の推進（地域共生型地熱利活用に向けた方策等検討事業）【エネ特】（再掲）　　2（3）
- 里山未来拠点の形成支援（生物多様性保全推進支援事業）　　0.4（0.4）
- 「令和の名水百選」の推進（良好な水循環・水環境創出活動推進事業）　　0.5（新規）
- 豊かさを実感できる海の再生　　2（2）

≪制度的対応≫
・OECM推進のための認定制度の開始（2023 年までに 100 箇所以上認定）
・ネイチャーポジティブ経済移行実現プラン（仮称）の策定

1-4. GX と相乗効果を発揮する重点投資分野での取組

新しい資本主義に向け、GX以外の重点投資分野に関連する取組を進めることにより、GXとの相乗効果を最大限発揮する。このため、地域脱炭素を担う人材づくり、環境教育の推進等の**「人への投資」**、革新的素材等の社会実装・普及展開等の**「科学技術・イノベーションへの投資」**、グリーン・スタートアップの研究開発支援等の**「スタートアップへの投資」**、工場等の環境負荷のリアルタイムモニタリング推進等の**「デジタルトランスフォーメーション（DX）への投資」**を進める。

（金額は億円単位）

（1）GX×「人への投資」

- 地域脱炭素のための人材づくり支援（地域脱炭素実現に向けた再エネ最大限導入のための計画づくり支援事業の一部）【エネ特】（再掲）　　50 の内数（8 の内数）
- 地域の中小企業の脱炭素化を先導する人材の育成（サプライチェーン全体での脱炭素経営実践普及・高度化事業の一部）【エネ特】（再掲）　　15 の内数（新規）
- 大学等と連携した地域脱炭素等に資する人材育成推進事業（環境教育強化総合対策事業の一部）　　1 の内数（0.6 の内数）

（2）GX×「科学技術・イノベーションへの投資」

- 環境政策への貢献・反映を目的とした研究開発の推進（環境研究総合推進費関係経費）　　55（53）
- 革新的な省 CO2 実現のための部材（GaN）や素材（CNF）の社会実装・普及展開加速化【エネ特】（再掲）　　38（38）
- 脱炭素に向けた革新的触媒技術の開発・実証【エネ特】（再掲）　　19（19）

（3）GX×「スタートアップへの投資」

- イノベーション創出のための環境スタートアップによる研究開発の支援　　2（1）
- 環境政策への貢献・反映を目的としたスタートアップによる技術開発の実証・実用化の推進（環境研究総合推進費関係経費の一部）（再掲）　　55 の内数（53 の内数）
- 脱炭素化を目指すスタートアップへの支援（地域共創・セクター横断型カーボンニュートラル技術開発・実証事業の一部）【エネ特】（再掲）　　50 の内数（50 の内数）

（4）GX×「デジタルトランスフォーメーション（DX）への投資」

- デジタル技術を活用した工場等のリアルタイムモニタリングの推進（ICT等を活用した公害防止管理のスマート化検討費）　　0.7（0.2）
- デジタル田園都市国家構想に資するデータセンターの再エネ活用等推進（民間企業による再エネ主力化・レジリエンス強化促進事業の一部）【エネ特】（再掲）　　200 の内数（38 の内数）

１－５．G7 日本開催を契機とした世界・アジアの SDGs 達成への貢献

> 地球環境問題の解決に向け、環境外交を強化するため、2023年に我が国で開催される
> G7を契機とし、また、2025年の大阪・関西万博も見据え、我が国の取組を国際社会に
> 発信し、国際連携をさらに深めていく。
> **気候変動COP26におけるパリ協定６条の市場メカニズムのルール合意**も踏まえ、**二
> 国間クレジット制度（JCM）等を通じて**世界的な脱炭素化に貢献する。JCMに関して
> は、**2025年を目処としてJCMのパートナー国を世界全体で30か国程度へ拡大**すること及
> び**2030年までの累積で１億 ｔ－CO2程度**の国際的な排出削減・吸収量を確保することを目
> 指し、国際機関と連携した案件形成・実施の強化、民間資金を中心としたJCMの拡大、
> 関係政府職員や事業者の能力向上支援による市場メカニズムの世界的拡大への貢献を進
> める。また、長期戦略策定、透明性向上のための制度構築、民間企業のレジリエンス強
> 化、都市の気候行動促進を含む包括的な**途上国の脱炭素化・強靱化移行支援**を進めて、
> 「アジア・ゼロエミッション共同体構想」の実現に貢献する。
> また、**生物多様性COP15**におけるポスト2020枠組を踏まえた国際協力を推進すると
> ともに、大阪ブルー・オーシャン・ビジョンの実現に向けた**海洋環境を含むプラスチッ
> ク汚染に対処する新たな国際的枠組づくり**に、**主導的な役割を果たす**。さらに、**循環産
> 業の国際展開**に取り組む。

（金額は億円単位）

（１）G7 日本開催を契機とした環境外交での主導的な役割の発揮

・	2023 年 G7 気候・環境関連大臣会合開催経費	3 （新規）
・	生物多様性条約等拠出金（SATOYAMA イニシアティブ等）	4 （4）
・	海洋プラスチック汚染の国際枠組推進・科学的基盤整備（海洋プラスチックご み総合対策費）	3 （2）
・	GOSAT シリーズによる排出量検証に向けた技術高度化【一部エネ特】	50 （27）
・	パリ協定実現に資する高度で継続的な教育・能力開発カリキュラムの開発・ 実施（国連大学拠出金の一部）	2 の内数 （2 の内数）

（２）「アジア・ゼロエミッション共同体構想」の実現等に貢献する途上国の包括的
な脱炭素移行支援

・	脱炭素移行促進に向けた二国間クレジット制度（JCM）の推進【エネ特】	187 （145）
・	アジア等国際的な脱炭素移行支援のための基盤整備【エネ特】	13 （11）
・	環境インフラの導入等を通じた途上国・新興国協力の推進	5 （5）
・	国際メタン排出削減拠出金	4 （新規）
・	循環産業の海外展開支援基盤整備	4 （4）
・	アジア・アフリカ諸国における３Ｒの戦略的実施支援事業拠出金	0.9 （0.9）
・	気候変動影響評価・適応の推進（再掲）	8 （8）

２．不変の原点の追求～公害や災害を乗り越える地域が共生する社会に向けた取組～

２－１．人の命と環境を守る基盤的取組

> ウィズコロナ・ポストコロナ時代においても、環境省の使命である**人の命と環境を守る基盤的な取組**を着実に進めることが必要である。
>
> このため、**水俣病や石綿**に係る健康被害に対する補償・救済、化学物質等による健康被害の未然防止の観点からの**エコチル調査**、国際的な動向を踏まえた化学産業への支援、有機フッ素化合物（PFAS）対策を着実に推進する。
>
> 加えて、地域の環境を活かした施策として、**良好な環境の創出**を通じた地域づくりや豊かさを実感できる海の再生等に取り組み、地域活性化や生物多様性保全を推進する。
>
> また、改正外来生物法を踏まえた地方公共団体による防除の支援や**ヒアリ**などの**水際対策の強化**、**鳥獣保護管理**、希少種保全対策等を推進する。さらに、犬猫の譲渡の促進等や災害時等のペットの安全確保を通じて、**動物愛護管理**を推進する。

（金額は億円単位）

（１）公害等の健康被害対策と生活環境保全

- 水俣病総合対策関係経費 　　　　　　　　　　　　　　　　　　　　　　111（111）
- 石綿飛散防止総合対策の推進 　　　　　　　　　　　　　　　　　　　　0.7（0.9）
- 石綿読影の精度確保等に関する調査の推進 　　　　　　　　　　　　　　2（2）
- 子どもの健康と環境に関する全国調査（エコチル調査） 　　　　　　　63（56）
- 国際的な動向を踏まえた化学産業への支援（化学物質の環境リスク低減対策強　2 の内数（2 の内数）
  化費の一部）
- 水・土壌環境中の有害物質（PFAS 等）対策の推進（水環境・土壌環境に係る　2（新規）
  有害物質リスク検討調査費）

（２）良好な環境の創出

- 「令和の名水百選」の推進（良好な水循環・水環境創出活動推進事業）（再掲）　0.5（新規）
- 豊かさを実感できる海の再生（再掲） 　　　　　　　　　　　　　　　　2（2）
- ローカル・ブルー・オーシャン・ビジョンの推進（海洋ごみに係る削減方策総合検　2（2）
  討事業費）
- 海岸漂着物等に関する地域対策の推進 　　　　　　　　　　　　12+事項要求（2）

（３）外来生物対策や鳥獣保護管理、動物愛護管理の強化等

- 地方公共団体が実施する外来生物対策への支援及び国内へのヒアリの定着防止等　11（8）
  （外来生物対策管理事業費、特定外来生物防除等推進事業）
- ニホンジカ・イノシシの捕獲事業支援（指定管理鳥獣捕獲等事業費）　22+事項要求（2）
- 離島における希少種の保全対策の推進 　　　　　　　　　　　　　　　　1（1）
- 動物収容・譲渡対策に関する施設整備の支援 　　　　　　　　　　　　　2（2）

2－2．東日本大震災からの復興・再生と未来志向の取組

> 東日本大震災・原発事故からの復興・再生に向けて、福島県内の除去土壌等の30年以内の県外最終処分という約束を果たすべく全力で取り組むことが必要である。
>
> 放射性物質の除染、**中間貯蔵施設事業**、汚染廃棄物処理、除去土壌の再生利用実証事業等を着実に実施するとともに、県外最終処分に向けて再生利用等に関する**全国での理解醸成活動をさらに展開**するなど、**環境再生**に取り組む。
>
> また、「ALPS処理水の処分に関する基本方針」に基づき、ALPS処理水放出に係る**海域環境のモニタリング**を行う。
>
> さらに、福島県との連携協力協定に基づく**脱炭素×復興まちづくりやふくしまグリーン復興構想**、放射線の健康影響の風評払拭を目指した取組など、未来志向の環境施策を推進する。

（金額は億円単位）

（1）環境再生に向けた取組等の着実な実施

・ 中間貯蔵施設の整備・管理運営及び県外最終処分に向けた除去土壌等の減容・再生利　1,786（1,981）
用の推進等【復興特】

・ 除去土壌等の適正管理及び原状回復等の実施【復興特】　169（271）

・ 特定復興再生拠点の整備に必要な除染等の実施【復興特】　435（445）

・ 放射性物質汚染廃棄物の処理【復興特】　655（588）

・ 東日本大震災被災地における環境モニタリング調査（ALPS処理水放出に係る海域環　8（8）
境のモニタリングを含む）【復興特】

（2）未来志向の復興加速 ～希望ある未来へのリデザイン～

・ 放射線の健康影響の風評払拭を目指した取組の推進（放射線健康管理・健康不　12（12）
安対策事業費）

・「脱炭素×復興まちづくり」の推進【エネ特】　5（5）

・ 国立公園満喫プロジェクト等の推進（自然公園等事業費を含む）【一部エネ特】　128＋事項要求（108）
（再掲）

令和5年度　環境省税制改正要望の概要

1．税制全体のグリーン化の推進

2030年度46％削減、2050年のカーボンニュートラルを実現するためには、あらゆる分野で、でき得る限りの取組を進める必要があるが、その中でも、

・あらゆる主体の行動変容の促進

・既存の先端技術の早期かつ最大限の導入、イノベーションの実現及びその社会実装をこれまで想定していた以上の規模・スピード感で実現していくことが必要。

本年6月に閣議決定された「新しい資本主義のグランドデザイン及び実行計画」では、GX投資に関する新たな政策イニシアティブとして、「GX経済移行債（仮称）」の創設や「成長志向型カーボンプライシング構想」の具体化といった方向性が打ち出され、炭素中立型経済社会の実現に向け、カーボンプライシングを含めしっかりと検討していくことが求められている。

また、カーボンプライシングについては、本年5月のG7気候・エネルギー・環境大臣会合において、費用効率の高い排出削減を加速するなどの投資を促進する決定的な潜在力や、収入が気候変動対策のための更なる資金拠出等を可能にする旨が認識・強調されるとともに、G7を超えたパートナーとその野心的な活用を世界中で拡大することに取り組む旨が合意されたところ。

これらの点や、ロシアのウクライナ侵略に端を発する現下のエネルギー情勢等も踏まえつつ、成長促進と排出抑制・吸収を共に最大化する効果を持った「成長志向型カーボンプライシング構想」の具体化に向けた検討を進める。

第5次環境基本計画（平成30年4月17日閣議決定）に基づき、企業や国民一人一人を含む多様な主体の行動に環境配慮を織り込み、環境保全のための行動を一層促進するために、以下のとおり、幅広い環境分野において税制全体のグリーン化を推進する。

（地球温暖化対策）

○　「成長志向型カーボンプライシング構想」の具体化

脱炭素社会の実現に向けた官民連携の取組を一気に加速し、エネルギー安全保障の確保に万全を期しながら、国内投資を拡大しつつ新たな成長のフロンティアを開拓する。2050年カーボンニュートラル実現を見据え、官民連携の下、脱炭素に向けた経済・社会、産業構造変革への道筋の大枠を示したクリーンエネルギー戦略中間整理に基づき、年内にロードマップを取りまとめる。

今後10年間に150兆円の官民の脱炭素投資を先導するための政府資金を先行して調達するための「GX経済移行債（仮称）」の将来の財源、脱炭素投資を促す経済的インセンティブ、EUにおいて検討が進められている炭素国境調整措置への対応、さらに来年我が国はG7議長国としてカーボンプライシングの議論をリードする必要があることなどの観点を踏まえつつ、中長期にわたる時間軸の中で予見可能性の高い「成長志向型カーボンプライシング構想」の具体化の検討を進め、速やかに結論を得る。その際、現下のエネルギー情勢等を踏まえて施行までに一定の期間を設けること、代替技術のイノベ

ーション、中小企業をはじめとする事業者の脱炭素化に向けた円滑な移行等に関する配慮を行う。グリーントランスフォーメーション（GX）に向けた各種政策と一体として、我が国産業の競争力強化や国内外の脱炭素市場の獲得を実現する。

○　税制全体のグリーン化

　　平成24年10月から施行されている「地球温暖化対策のための税」を着実に実施し、省エネルギー対策、再生可能エネルギー普及、化石燃料のクリーン化・効率化などのエネルギー起源二酸化炭素排出抑制の諸施策に充当する。また、揮発油税等について、グリーン化の観点から「当分の間税率」を維持する。

（自動車環境対策）

○　地球温暖化対策・公害対策の一層の推進、汚染者負担の性格を踏まえた公害健康被害補償のための安定財源確保の観点から、車体課税の一層のグリーン化を推進する。

（生物多様性の保全）

○　「30by30目標」の達成に向けた税制措置を含む施策の推進

　　2030年までに陸と海の30%以上を保全する「30by30目標」達成に向け、保護地域以外で生物多様性保全に資する地域（OECM）の設定・管理を推進するため、制度化と併せて民間の取組を支援するための税制措置のあり方についても吸収源対策の推進の観点も踏まえつつ検討し、必要な対応を行う。

資料

※環境省が主の要望は◎

2．個別のグリーン化措置

（1） 脱炭素社会

○ **株式会社脱炭素化支援機構の法人事業税の資本割に係る課税標準特例の創設（法人事業税）【新設】（◎）**
  ・ 株式会社脱炭素化支援機構について、法人事業税の資本割に係る課税標準額を、銀行法施行令で定める銀行の最低資本金の額（20億円）とみなす特例措置を新設する。[1]

○ **低公害自動車の燃料を充てんするための設備に係る課税標準の特例措置（固定資産税）【拡充・延長】**
  ・ 燃料電池自動車に水素を充てんするための設備に対する固定資産税の課税標準額の特例措置について、以下の措置を講じた上で延長する。
    ◆ 対象資産の取得価格の下限を、現行の1億5千万円から1億円以上に引き下げ。
    ◆ 取得価格5億円以上の設備の課税標準額の軽減幅を、現行の3／4から1／2に更に縮減。

（2） その他

○ **試験研究を行った場合の法人税額等の特別控除（所得税、法人税、法人住民税）【拡充・延長】**
  ・ 試験研究を行った場合の法人税額等の特別控除について、
    ◆ 一般型のインセンティブ強化
    ◆ オープンイノベーション型におけるスタートアップ企業の定義の見直し等の拡充・延長を行う。

○ **福島国際研究教育機構に係る税制上の所要の措置（所得税、法人税、消費税、印紙税、登録免許税、相続税、個人住民税、法人住民税、事業税、地方消費税、不動産所得税、固定資産税、都市計画税、事業所税）【新設】**
  ・ 福島国際研究教育機構について、所得税、法人税、法人住民税等を非課税とする等の措置を講ずる特例を創設する。

---

[1] 法人事業税の資本割＝資本金×標準税率（東京都0.525%）。

令和 5 年度　環境省財政投融資等の要求の概要

　カーボンニュートラルの実現に向けて巨額な脱炭素投資が求められている中、脱炭素事業に意欲的に取り組む民間事業者等への資金支援に係る措置を講ずる。

（株式会社脱炭素化支援機構への資金供給）

○　地球温暖化対策の推進に関する法律（平成 10 年法律第 117 号）に基づき設立する株式会社脱炭素化支援機構を通じて、国及び民間からの出資を呼び水として意欲的な脱炭素事業に出資等を行い、脱炭素事業への民間投資を誘発させる。

（金額は億円単位）

・株式会社脱炭素化支援機構による脱炭素事業への資金供給	財政投融資（産業投資） 400（200） 政府保証（5 年未満） 200（新規）

（日本政策金融公庫による貸付対象の拡大）

○　日本政策金融公庫による現行の環境・エネルギー対策貸付を継続して実施しつつ、貸付対象に、自らの温室効果ガス排出量を報告・開示し、省エネ化・再エネ導入や脱炭素型製品の製造などの GX を実施するための設備資金又は長期運転資金を借り入れる者を加える。（経済産業省との共同要求）

令和 5 年度　環境省機構・定員要求の概要

> 炭素中立、循環経済、自然再興の同時達成に向けて、令和 4 年度に引き続き、地方環境事務所を中心に体制を強化する。

【機構】

○運輸部門の脱炭素化、海洋環境保全等の体制強化のための水・大気環境局の再編

　・環境モビリティ課、海洋環境課、環境管理課の新設等

○地域脱炭素加速化のための体制強化

　・関東地方環境事務所次長

○外来生物対策推進のための体制強化

　・外来生物対策室長

【定員】：１４５人

1．本省：５４人

○2030 年度温室効果ガス 46%削減・50%の高みへの挑戦

　・地域脱炭素の加速化のための体制強化

　・カーボンニュートラルの実現に向けた政策対応のための体制強化

　・カーボンニュートラルの実現に向けた民間事業者の取組支援・イノベーションの加速化のための体制強化

○途上国の脱炭素移行の支援のための体制強化

○外来生物法改正を踏まえた外来生物対策推進のための体制強化

○環境行政のデジタル化推進のための体制強化

2．地方環境事務所：９１人

○2030 年度温室効果ガス 46%削減・50%の高みへの挑戦

　・地域脱炭素ロードマップの実現に向けた支援体制の強化

　・自然環境に配慮した脱炭素化の推進のための体制強化

　・廃棄物処理分野における脱炭素化の推進のための体制強化

○プラスチック資源循環推進のための体制強化

○陸・海の 30%以上の保全、外来生物対策の推進のための体制強化

○レンジャー（国立公園管理官等）による現地管理体制の強化

　※地域脱炭素に係る地方環境事務所の体制については、令和 4 年度から 3 か年で計画的に整備する。

環境省歴代大臣・幹部一覧

〔大　臣〕

氏　　名	発令年月日
川　口　順　子	平 13. 1. 6
大　木　　　浩	14. 2. 8
鈴　木　俊　一	14. 9. 30
小　池　百合子	15. 9. 22
若　林　正　俊	18. 9. 26
鴨　下　一　郎	19. 8. 27
斉　藤　鉄　夫	20. 8. 2
小　沢　鋭　仁	21. 9. 16
松　本　　　龍	22. 9. 17
江　田　五　月	23. 6. 27
細　野　豪　志	23. 9. 2
長　浜　博　行	24. 10. 1
石　原　伸　晃	24. 12. 26
望　月　義　夫	26. 9. 3
丸　川　珠　代	27. 10. 7
山　本　公　一	28. 8. 3
中　川　雅　治	29. 8. 3
原　田　義　昭	30. 10. 2
小　泉　進次郎	元. 9. 11
山　口　　　壮	3. 10. 4
西　村　明　宏	4. 8. 10

〔事務次官〕

太　田　義　武	13. 1. 6
中　川　雅　治	14. 1. 8
炭　谷　　　茂	15. 7. 1
田　村　義　雄	18. 9. 5
西　尾　哲　茂	20. 7. 22
小　林　　　光	21. 7. 14
南　川　秀　樹	23. 1. 7
谷　津　龍太郎	25. 7. 2
鈴　木　正　規	26. 7. 8
関　　　荘一郎	27. 8. 1
小　林　正　明	28. 6. 17

森　本　英　香	29. 7. 14
鎌　形　浩　史	元. 7. 9
中　井　徳太郎	2. 7. 21
和　田　篤　也	4. 7. 1

〔地球環境審議官〕

浜　中　裕　徳	13. 7. 1
松　本　省　藏	16. 7. 1
小　島　敏　郎	17. 7. 20
竹　本　和　彦	20. 7. 22
南　川　秀　樹	18. 7. 22
寺　田　達　志	23. 1. 7
谷　津　龍太郎	24. 9. 7
白　石　順　一	25. 7. 2
関　　　壮一郎	26. 7. 8
小　林　正　明	27. 8. 1
梶　原　成　元	28. 6. 17
髙　橋　康　夫	29. 7. 14
森　下　　　哲	元. 7. 9
近　藤　智　洋	2. 7. 21
正　田　　　寛	3. 7. 1
小　野　　　洋	4. 7. 1

〔大臣官房長〕

炭　谷　　　茂	13. 1. 6
松　本　省　藏	13. 7. 1
田　村　義　男	15. 7. 1
西　尾　哲　茂	16. 7. 1
小　林　　　光	18. 9. 5
南　川　秀　樹	20. 7. 22
谷　津　龍太郎	22. 7. 10
鈴　木　正　規	24. 9. 7
森　本　英　香	26. 7. 8
鎌　形　浩　史	29. 7. 14
正　田　　　寛	元. 7. 9
鑓　水　　　洋	3. 7. 1

〔総合環境政策局長〕

中 川 雅 治	13. 1. 6
炭 谷 　 茂	14. 1. 8
松 本 省 藏	15. 7. 1
田 村 義 雄	16. 7. 1
西 尾 哲 茂	18. 9. 5
小 林 　 光	20. 7.22
白 石 順 一	21. 7.14
清 水 康 弘	25. 7. 2
小 林 正 明	平26. 7.11
三 好 信 俊	27. 8. 1
奥 主 喜 美	28. 6.17
	〈廃止〉

〔地球環境局長〕

浜 中 裕 德	13. 1. 6
炭 谷 　 茂	13. 7. 1
岡 澤 和 好	14. 1. 8
小 島 敏 郎	15. 7. 1
小 林 　 光	17. 7.20
南 川 秀 樹	18. 9. 5
寺 田 達 志	20. 7.22
鈴 木 正 規	23. 1. 7
関 　 荘一郎	24. 9. 7
梶 本 成 元	26. 7.11
鎌 形 浩 史	28. 6.17
森 下 　 哲	29. 7.14
近 藤 智 洋	元. 7. 9
小 野 　 洋	2 . 7.21
松 澤 　 裕	4 . 7. 1

〔環境管理局長〕

松 本 省 藏	13. 1. 6
西 尾 哲 茂	13. 7. 1
小 林 　 光	16. 7. 1
竹 本 和 彦	17. 7.20
	〈廃止〉

〔水・大気環境局長〕

竹 本 和 彦	17.10. 1
白 石 順 一	20. 7.22
鷺 坂 長 美	21. 7.14
小 林 正 明	24. 8.10
三 好 信 俊	26. 7.11
髙 橋 康 夫	27. 8. 1
早 水 輝 好	29. 7.14
田 中 聡 志	30. 7.13
小 野 　 洋	元. 7. 9
山 本 昌 宏	2 . 7.21
松 澤 　 裕	3 . 7. 1
秦 　 康 之	4 . 7. 1

〔自然環境局長〕

西 尾 哲 茂	13. 1. 6
小 林 　 光	13. 7. 1
岩 尾 總一郎	14. 7.30
小野寺 　 浩	15. 7. 1
南 川 秀 樹	17. 7.20
冨 岡 　 悟	18. 9. 5
桜 井 康 好	19. 7.10
黒 田 大三郎	20. 7.22
鈴 木 正 規	21. 7.14
渡 邉 綱 男	23. 1. 7
伊 藤 哲 夫	24. 8.10
星 野 一 昭	25. 7. 2
塚 本 瑞 天	26. 7.11
奥 主 喜 美	27. 8. 1
亀 澤 玲 治	28. 6.17
正 田 　 寛	30. 7.13
鳥 居 敏 男	元. 7. 9
奥 田 直 久	3 . 7. 1

〔環境再生・資源循環局長〕

縄 田 　 正	29. 7.14
山 本 昌 宏	30. 7.13

森 山 誠 二	2 . 7 .21
室 石 泰 弘	3 . 7 . 1
土 居 健太郎	4 . 7 . 1

資

料

出身都道府県別幹部一覧

北海道

和田篤也
環境事務次官

針田哲
大臣官房審議官（兼）環境調査研修所
国立水俣病総合研究センター所長

伊藤史雄
地球環境局総務課脱炭素社会移行推進
室長

福島健彦
水・大気環境局総務課長（併）自動車
環境対策課長

太田志津子
水・大気環境局大気環境課長

前佛和秀
環境再生・資源循環局次長

布田洋史
環境再生・資源循環局企画官（併）福
島再生・未来志向プロジェクト推進室
長

中野哲哉
環境再生・資源循環局企画官

大島俊之
原子力規制庁原子力規制部長

二宮浩次
原子力規制庁原子力規制部核燃料施設
等監視部門上席監視指導官

岩手県

木村正伸
水・大気環境局水環境課閉鎖性海域対
策室長

松本尚
原子力規制庁原子力規制部核燃料施設
審査部門企画調査官

宮城県

庄子真憲
大臣官房総務課長

加藤聖
大臣官房総合政策課企画評価・政策プ
ロモーション室長

山形県

鑓水洋
大臣官房長

茨城県

谷貝雄三
原子力規制庁長官官房総務課企画官

栃木県

髙橋隆
原子力規制庁長官官房委員会運営支援
室長

関谷毅史
福島地方環境事務所長

上田健二
中国四国地方環境事務所長

群馬県

今井正之
大臣官房秘書課地方環境室長

松下整
原子力規制庁長官官房審議官（大臣官
房担当）

埼玉県

中原敏正
大臣官房秘書課調査官（兼）女性職員
活躍・ＷＬＢ推進担当官

海老名英治
大臣官房環境保健部環境保健企画管理
課特殊疾病対策室長

髙澤哲也
大臣官房環境保健部環境安全課長

萩原辰男
自然環境局自然環境整備課長

千葉県

神ノ田昌博
大臣官房環境保健部長

杉本留三
水・大気環境局水環境課海洋環境室長

加 藤 隆 行
原子力規制庁長官官房放射線防護企画
課企画調査官（制度・国際・地域担当）

東京都

小 森 　 繁
大臣官房審議官

奥 山 祐 矢
大臣官房審議官

中 尾 　 豊
大臣官房秘書課長

熊 倉 基 之
大臣官房環境保健部環境保健企画管理
課長

手 塚 英 明
大臣官房環境保健部環境保健企画管理
課公害補償審査室長

奥 田 直 久
自然環境局長

堀 上 　 勝
自然環境局自然環境計画課長

中 村 邦 彦
自然環境局皇居外苑管理事務所長

水 谷 　 努
環境再生・資源循環局総務課リサイク
ル推進室長（併）循環型社会推進室長

筒 井 誠 二
環境再生・資源循環局廃棄物適正処理
推進課 兼 環境再生事業担当参事官
付災害廃棄物対策室長

河 原 雄 介
原子力規制庁長官官房参事官（会計担
当）

遠 山 　 眞
原子力規制庁長官官房技術基盤課長

齋 藤 健 一
原子力規制庁原子力規制部原子力規制
企画課火災対策室長

志 間 正 和
原子力規制庁原子力規制部安全規制管
理官（研究炉等審査担当）

築 島 　 明
九州地方環境事務所長

神奈川県

松 本 行 央
大臣官房総務課国会連絡室長

木 内 哲 平
大臣官房環境保健部環境保健企画管理
課石綿健康被害対策室長

鈴 木 章 記
大臣官房環境保健部放射線健康管理担
当参事官

塚 田 源一郎
地球環境局総務課気候変動適応室長

豊 住 朝 子
地球環境局地球温暖化対策課フロン対
策室長（併）低炭素物流推進室長

鈴 木 延 昌
水・大気環境局総務課調査官（併）環
境管理技術室長

伊 澤 　 航
水・大気環境局水環境課農薬環境管理
室長

浜 島 直 子
自然環境局自然環境計画課生物多様性
主流化室長

外 山 洋 一
環境再生・資源循環局総務課循環指標
情報分析官

堀 内 　 洋
環境再生・資源循環局参事官（併）水・
大気環境局水環境課土壌環境政策調整
官（充）地下水・地盤環境室長

石 渡 　 明
原子力規制委員会委員

金 子 修 一
原子力規制庁次長（兼）原子力安全人
材育成センター所長

市 村 知 也
原子力規制庁原子力規制技監

岩 田 順 一
原子力規制庁原子力規制部地震・津波
審査部門安全管理調査官（地震安全対
策担当）

西 山 理 行
環境調査研修所次長

資
料

新潟県

小 池　　晃
原子力規制庁長官官房会計部門経理統
括専門官 併 上席会計監査官

富山県

西 村 正 美
原子力規制庁長官官房総務課地域原子
力規制総括調整官（福井担当）

石川県

角 倉 一 郎
大臣官房政策立案総括審議官

鳥 毛 暢 茂
大臣官房会計課監査指導室長

新 田　　晃
原子力規制庁長官官房放射線防護企画
課長

清 丸 勝 正
原子力規制庁原子力規制部検査監督総
括課検査評価室長

福井県

清 水 貴 也
大臣官房環境保健部環境安全課環境リ
スク評価室長

静岡県

杉 井 威 夫
大臣官房総務課広報室長

松 下 雄 介
大臣官房地域政策課長

杉 山 智 之
原子力規制委員会委員

青 野 健二郎
原子力規制庁長官官房企画官

愛知県

木 野 修 宏
大臣官房参事官（併）地域脱炭素政策
調整担当参事官

瀬 川 恵 子
地球環境局特別国際交渉官

小笠原　　靖
地球環境局総務課長

水 原 健 介
水・大気環境局大気環境課大気生活環
境室長

大 林 圭 司
自然環境局野生生物課外来生物対策室
長

三重県

黒 川 陽一郎
原子力規制庁長官官房総務課長

滋賀県

大 森 恵 子
関東地方環境事務所長

京都府

大 井 通 博
水・大気環境局水環境課長

河 野 通 治
自然環境局野生生物課希少種保全推進
室長

竹 内　　亮
原子力規制庁長官官房監視情報課放射
線環境対策室長

大阪府

波戸本　　尚
大臣官房環境経済課長

水 谷 好 洋
地球環境局国際連携課国際脱炭素移行
推進・環境インフラ担当参事官

北 橋 義 明
自然環境局自然環境整備課温泉地保護
利用推進室長

片 山　　啓
原子力規制庁長官

古金谷 敏 之
原子力規制庁長官官房緊急事態対策監

吉 川 元 浩
原子力規制庁長官官房安全規制管理官
（放射線規制担当）

菊 川 明 広
原子力規制庁原子力規制部実用炉監視
部門上席監視指導官

276

関 根 達 郎
近畿地方環境事務所長

兵庫県

松 﨑 裕 司
地球環境局地球温暖化対策課地球温暖
化対策事業室長

山 中 伸 介
原子力規制委員会委員長

吉 住 奈緒子
原子力規制庁長官官房放射線防護企画
課企画官（被ばく医療担当）

番 匠 克 二
北海道地方環境事務所長

奈良県

山 田 浩 司
地球環境局総務課気候変動観測研究戦
略室長（併）排出・吸収インベントリ
算定企画官

鳥取県

松 本 英 昭
自然環境局生物多様性センター長

岡山県

田 口 達 也
原子力規制庁長官官房人事課長

奥 博 貴
原子力規制庁原子力規制部実用炉審査
部門企画調査官

広島県

上 田 康 治
総合環境政策統括官（併）環境調査研
修所長

東 幸 毅
水・大気環境局総務課越境大気汚染情
報分析官

田 中 英 二
自然環境局京都御苑管理事務所長

森 下 泰
原子力規制庁長官官房審議官

山口県

山 本 麻 衣
自然環境局自然環境計画課生物多様性
戦略推進室長

杉 本 孝 信
原子力規制庁原子力規制部安全規制管
理官（実用炉監視担当）

香川県

平 尾 禎 秀
地球環境局地球温暖化対策課脱炭素ビ
ジネス推進室長

則 久 雅 司
自然環境局国立公園課長

愛媛県

稲 井 康 弘
水・大気環境局水環境課土壌環境室長

福岡県

佐 藤 暁
原子力規制庁長官官房核物質・放射線
総括審議官

長崎県

河 村 玲 央
大臣官房総合政策課環境教育推進室長
兼 総合政策課計画官

渡 邉 桂 一
原子力規制庁原子力規制部安全規制管
理官（実用炉審査担当）

大分県

曽 宮 和 夫
自然環境局総務課国民公園室長（併）
新宿御苑管理事務所長

沖縄県

金 城 慎 司
原子力規制庁原子力規制部原子力規制
企画課長

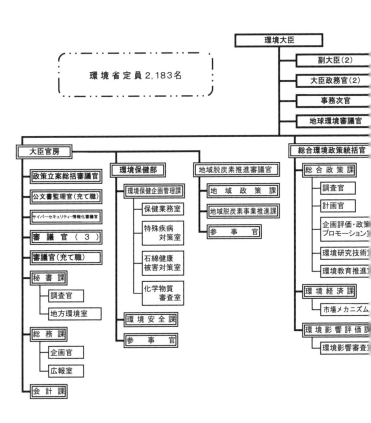

環　境　省　組　織　概　要

環境省定員 2,183名

環境大臣
├ 副大臣(2)
├ 大臣政務官(2)
├ 事務次官
└ 地球環境審議官

大臣官房
├ 政策立案総括審議官
├ 公文書監理官（充て職）
├ サイバーセキュリティ・情報化審議官
├ 審議官（3）
├ 審議官（充て職）
├ 秘書課
│　├ 調査官
│　└ 地方環境室
├ 総務課
│　├ 企画官
│　└ 広報室
└ 会計課

環境保健部
├ 環境保健企画管理課
│　├ 保健業務室
│　├ 特殊疾病対策室
│　├ 石綿健康被害対策室
│　└ 化学物質審査室
├ 環境安全課
└ 参事官

地域脱炭素推進審議官
├ 地域政策課
├ 地域脱炭素事業推進課
└ 参事官

総合環境政策統括官
├ 総合政策課
│　├ 調査官
│　├ 計画官
│　├ 企画評価・政策プロモーション室
│　├ 環境研究技術室
│　└ 環境教育推進室
├ 環境経済課
│　└ 市場メカニズム室
└ 環境影響評価課
　　└ 環境影響審査室

〔施設等機関〕

環境調査研修所
├ 所長（充て職）
└ 次　長

国立水俣病総合研究センター
├ 所長
└ 次　長

〔地方支分部局〕

地方環境事務所（8カ所）

北海道、東北、福島、関東、中部、近畿、中国四国、九州

〔特殊会社〕
　中間貯蔵・環境安全事業株式会社

〔独立行政法人〕
　環境再生保全機構

〔国立研究開発法人〕
　国立環境研究所

〔特別の機関〕
　公害対策会議

資

料

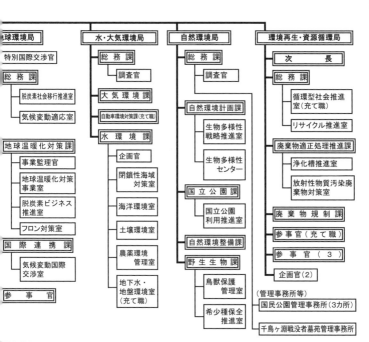

[議会等]

中央環境審議会

公害健康被害補償不服審査会

臨時水俣病認定審査会

有明海・八代海等総合調査評価委員会

環境省国立研究開発法人審議会

■組織概要

```
                    原子力規制委員会

┌─────────────────────┐   ┌─────────────────────┐
│  原子力安全人材育成センター  │   │       審議会等        │
│ ┌─────┐ ┌─────┐ │   │ ┌─────────┐ ┌─────────┐ │
│ │人材育成課│ │総合研修課│ │   │ │原子炉安全専門審査会│ │核燃料安全専門審査会│ │
│ ├─────┤ ├─────┤ │   │ ├─────────┤ ├─────────┤ │
│ │規制研修課│ │原子炉技術研修課│ │   │ │国立研究開発法人審議会│ │放射線審議会│ │
│ └─────┘ └─────┘ │   │ └─────────┘ └─────────┘ │
└─────────────────────┘   └─────────────────────┘
```

原子力規制庁（事務局）

長　官

次　長　　**原子力規制監**

長官官房

総務課	監査・業務改善推進室
人事課	広報室
会計部門	国際室
法務部門	事故対処室
緊急事案対策室	法令審査室
委員会運営支援室	情報システム室
公文書監理・情報化推進室	
地域連絡調整室	

技術基盤グループ
- 技術基盤課
- システム安全研究部門
- シビアアクシデント研究部門
- 放射線・廃棄物研究部門
- 地震・津波研究部門

放射線防護グループ
- 放射線防護企画課 ─ 保障措置室
- 監視情報課 ─ 放射線環境対策室
- 核セキュリティ部門
- 放射線規制部門

原子力規制部

- 原子力規制企画課　　火災対策室
- 東京電力福島第一原子力発電所事故対策室

審査グループ
- 実用炉審査部門
- 研究炉等審査部門
- 核燃料施設審査部門
- 地震・津波審査部門

検査グループ
- 検査監督総括課 ─ 検査評価室
- 実用炉監視部門
- 核燃料施設等監視部門
- 専門検査部門

地方の体制
- 原子力規制事務所・分室（25ヵ所）
- 原子力艦モニタリングセンター（3ヵ所）
- 地域原子力規制総括調整官事務所（3ヵ所）
- 六ヶ所保障措置センター

所管法人（一部共同所管）

| 日本原子力研究開発機構（JAEA） | 量子科学技術研究開発機構（QST） |

人　名　索　引

人
名
索
引

人
名
索
引

環境省名鑑－2023年版

令和4年11月30日 初版発行　定価(本体3,300円＋税)

編 著 者	米 盛 康 正
発 行 所	株式会社 時 評 社

郵 便 番 号　　　100-0013
東京都千代田区霞が関3-4-2
商工会館・弁理士会館ビル6F
電　話　(03)3580-6633
振 替 口 座　00100-2-23116

©時評社 2022

印刷・製本 株式会社 太平印刷社　落丁・乱丁本はお取り換えいたします

ISBN978-4-88339-303-9 C2300 ¥3300E